마다하지 않고 마다로

나하나 주어진

마다하지
않고

마다가스카르로 떠난 두 여자의 일상에세이

마다로

마다하지 않고,

하나

　삼십 대의 나에게 아무것도 기대하는 바가 없었다고 생각했는데, 막상 서른 살이 되어보니 아무것도 해내지 못해 불안했다. 이루지 못한 건 내적 성숙함도 포함되어 있었다. 나이만큼 철이 들지 않아 변함없이 가볍고 진중하지 못했다. 고작 서른 살로 부터 2년이 더 지나보니, 앞자리 숫자가 바뀐 건 그렇게 큰일이 아니었다. 서른 살은 해내는 나이가 아니라 방황할 나이라는 걸 알게되었다. 지금도 여전히 철이없다. 대신 나이를 조금 더 먹은 나는, 어린 나보다 똑똑해졌다. 40살 넘은 나 하나도 여전히 가볍고 덜 자란 사람이 될 거란 걸 알게 되었다

　이런 가벼움이 있기에 마다가스카르로 가는 결정도 쉽게 내릴 수 있었다고 생각한다. 여전히 무슨 일을 하고자 하면 우선 시작하고 본다. 시작하고 나면 그만두거나 계속할 수 있지만 시작하지 않으면 아무것도 해낼 수 없다. 마다가스카르에서 만들어간 많은 것들은 그렇게 가볍게 시작되었다. 시작은 가벼웠지만, 그 과정은 무거운 마음으로 임했다. 그래서 때론 지치기

도 했고 가벼운 마음으로 시작했던 모든 순간을 탓하기도 했다.

어설프고 미숙했던 이야기를 그대로 적어보았다. 타지 생활이 힘든지라 뾰족해진 마음이 그대로 글에 나와 있을지도 모른다. 그래도 마다가스카르가 준 좋거나 좋지 않은 순간들 전부가 가치 있었기에 하나 하나 담아보았다. 앞으로도 삶이 주는 모든 것을 마다하지 않고 살아가려고 한다.

어진

나의 삶의 중요한 결정들은 돌아보면 대체로 놀라울 정도로 가볍고 즉흥적으로 이루어졌다. 아직 중학생이었던 시절, 엄마와 함께 주말 예능을 보다가 덥썩 필리핀으로 유학을 가기로 결정했다. 몇년동안 덥고 습한 동남아를 질리도록 겪은 후에는 겨울이 그리웠고, 춥기로 유명한 미국의 미시간주로 대학을 갔다. 평소에는 생각도 고민도 많은 주제에 인생의 중요한 갈림길 앞에만 서면 단순하고 과감해지는 내가 이번에는 덜컥 마다가스카르에 가서 살아보기로 했다.

26살의 나에게 마다가스카르는 모든 걸 다 준비하고 나서야 출발할 수 있는 것이 아니며, 어설프더라도 일단 시작하면 길이 생긴다는 것을 알려주었다. 무모하다고 할 수도 있고, 괜한 고생이라고 여길 수도 있을 고군분투 마다가스카르 살이를 조심스럽게 글로 담아보았다. 덜컹거렸지만 결국에는 굴러갔던 우리의 시간이 다른 누군가에게도 첫 발을 뗄 수 있는 작은 용기를 주기를 바라며.

이 책은······

2023년 9월부터 2025년 4월까지 하나와 어진이
마다가스카르에서 보낸 20개월간의 시간을 담았습니다.

글 속에 등장하는 공간과, 그 순간들을 기록한 사진을
아래 QR코드에 담아두었습니다. 함께 봐주세요.

마다하지 않고,

1. 마다하지 않고 마다로

내가 마다가스카르에 가게 될 줄은 몰랐지   14
근데 내가 마다로 오다니   18
일이라는 건 순서대로 되지 않아   22
도움을 받는 것도 배워야 한다   26
자기소개하기   30
마다에 대해 알아가기   33

2. 함께해서 다행이야

건조한 사람	38
One and only 하나	41
To my 깔깔메이트	45
깔깔메이트 무병장수를 위한 프로젝트	49
여행의 스타일	53
사람 2명, 강아지 1마리, 고양이 1마리	56
우리 같이 애는 못 키우겠다	60
첫 번째 집, 두 번째 집, 세 번째 집	63
우리 다시는 이사가지 말자	67

3. 마다가스카르 생활기

   모기보다 독하고 바퀴벌레보다 끈질긴 그놈   72

   마다가스카르 날씨에 익숙해지기   75

   우리집에 귀신이 있다고?   78

   음식으로 배우는 마다가스카르   81

   어쩌다 보니 버리지 못하는 사람이 되었다.   84

4. 마다가스카르 여행기

   세계자연유산 칭기   88

   큰 섬, 누시베   92

   항구도시 타마타브   95

5. 아직 적응 중입니다

다름을 온전히 받아들일 것	100
운전기사를 하려면 운전면허증이 있어야 돼	104
블랙 코미디 부분은 여기입니다	108
바퀴가 빠져도 차는 달린다	111
익숙하지 않은 것에 익숙해지는 중	115
빨리빨리 대신 무라무라	119

6. 우리는 언제까지 마다가스카르에서 살까?

뜨거운 감자, 케이블카	124
행복에 대한 고찰	127
티나, 산드라, 그리고 올리	131
마지막 타코파티	135
앞으로도 잘 부탁해 마다가스카르	139
우리는 언제까지 마다가스카르에서 살까?	143

7. 알아두면 쓸데 있는 마다가스카르 잡학사전

    요일별 의미   149

    마다가스카르 새해   150

    마다가스카르 결혼식   151

    마다가스카르 장례식   152

    다양한 금기들   153

    몰라도 사는 데 지장없는 흥미로운 사실 10가지   154

마치며,

1. 마다하지 않고 마다로

내가 마다가스카르에 가게 될 줄은 몰랐지

하나

모든 이야기에 앞서 마다가스카르를 어떻게 처음 접하게 되었는지부터 써보려고 한다. 마다가스카르에는 선교로 처음 오게 되었다. 마다가스카르는 줄여서 마다라고 잘 부른다. 앞으로 마다가스카르를 지칭할 때 두 단어를 같이 사용할 예정이다. 마다가스카르에 처음 오기 전까지는 살면서 한 번도 아프리카에 관심을 가져본 적이 없었다. 마다가스카르라는 이름조차도 유명한 애니메이션을 통해 처음 들어봤다.

2024년 겨울, 선교를 통해 마다가스카르라는 나라를 제대로 접하게 되었다. 퇴사 후 백수였기에 자연스럽게 선교팀에 합류했다. 한 달을 가는 선교 일정이었는데, 꽤 긴 시간이라 이 시기에 이렇게 보내도 될까 고민도 했었다. 이런저런 고민과 함께 복잡한 마음으로 출발했다. 오히려 도착하고 나서는 정신 없이 사역 하느라 다른 생각을 할 여력조차 없이 시간을 보냈다.

주로 도심에 있다가 며칠간은 접근하기 어려운 지역으로 갔다. 그 지역에서는 전기가 들어오지 않고 물도 구하기 쉽지 않앉다. 몇십년 전까지도 수렵생활을 하다가 모여살기 시작한지 오래되지 않은 부족이 있는 곳이라고 들었다. 그곳에서는 의료사역을 했었다. 그때가 기억에 많이 남는다. 현대적인 생활과는 동떨어진 장소였기에, 그 자체만으로도 낯설었다. 그곳에서만 할 수 있는 특별한 경험이 있었다. 마을에는 외부 단체의 도움으로 설치된 태양열 지하수 펌프가 한 곳 있었다. 시설이 잘 갖추어져 있어 펌프로 지하수를 끌어올려 수도꼭지에서 물을 받을 수 있었다. 우리는 선교 활동을 하는 4일 동안 그곳에서 물을 길어다 썼다.

그 지역에서 하는 선교 활동을 시작하는 첫날 아침, 전날 늦은 새벽에 도착했던 터라 주변을 제대로 살펴볼 여유도 없었다. 일어나자 마자 '우물'이라고 들었던 앞에서 언급한 시설로 세수하러 갔다. 우물이라는 이미지로 예상했던 모습하고는 달랐다. 훨씬 좋았다. 현지 주민 한 분이 열어준 철문 안으로 들어가 수도꼭지를 열고 세수와 양치를 했다. 나름 아껴 쓴다고 천천히 물을 흘려가며 사용했지만, 나중에 알고보니 그렇게 쓰면 안됐었다. 얼굴에 물기를 그대로 묻힌 채 마을을 돌아보니, 대부분의 주민들은 진흙과 나무로 지은 집에서 살고 있었다. 그리고 나중에서야 마을 주민들은 하루에 제한된 양의 물만 받을 수 있다는 이야기를 듣고, '앗차' 싶은 마음이 들었다. 나름 조심한다고 했던 행동조차 그렇지 못했다는 걸 알았다. 바가지에 받아 조금씩 나누어 써야 할 만큼 귀한 자원이었다.

수도에서는 따뜻한 물로 샤워도 할 수 있고, 화장실도 제대로 갖춰진 숙소에서 지냈기 때문에 몰랐었는데, 조금만 도시 중심을 벗어나도 자원이 한정되어 있었다. 전혀 다른 시대가 하나의 공간 안에 겹쳐져 있는 듯한 이질감. 소가 끄는 마차를 타고 가는 사람들과 그 옆을 지나는 오토바이 같이 어색하게 겹쳐 있었다. 이상하게도 그 불균형 속에서 어떤 질문이 떠올랐다.

"어쩌면 우리는 너무 많은 걸 채우고 살아서 무엇을 채우고 살고 있는지 조차 잊어버린게 아닐까?"

우리가 숙소이자 선교 활동지로 쓴 마을의 유일한 학교에는 화장실도 한 개 있었다. 하지만 거의 사용이 불가한 상태라 휴지를 들고 나가 적당히 우거진 곳에서 해결해야 했다. 원한다면 모든 곳이 우리의 화장실이 될 수 있었다. 멀리 펼쳐진 바오밥 나무들과 탁 트인 대지가 아름답기도 하고, 동시에 묘한 감정을 안겨줬다. 있는 내내 사방이 탁 트인 곳에서 볼일을 보는 기분은 원시같기도 자유롭기도 했다

눈으로 가늠할 수 없이 넓게 펼쳐진 땅과 멀리 보이는 바오밥 나무 사이로 나는 한없이 작아졌다. 그 안에 존재하는 감각을 느낄 수 있었다. 외부를 바라보는 존재가 아니라, 그 일부로 흡수되는 기분이었다. 멈춰있는 기분과 동시에 자연 앞에 한 구성 요소가 되어 아주 작은 존재가 되었다. 길도 이정표도 없이 펼쳐진 자연에서 오히려 자유를 느꼈다. 동시에 나를 인지할 수 있었다. 무언가를 해야하는 사람이 아니라 존재한다는 그 자체로 내 자신을 알아차릴 수 있었다. 그건 무언가를 성취해야만 존재가 증명되는 세계와는 아주 다른 삶이었다. 오히려 아무것도 정해져 있지 않음이 나를 자유롭게 했다. 자연스럽게 여기선 뭐든 시작할 수 있겠다는 생각을 했다. 아직 수많은 기회가 있다고 느꼈다. 이미 빈틈없이 자리 잡혀 있는 한국과 달

리, 어쩐지 여기는 나 같은 사람도 틈을 만들 수 있을 것 같았다.

그때는 그냥 막연하게 그렇게 생각했다. 한국에서는 시작하려고 해도 이미 모든 자리가 다 차 있고 치열한 경쟁이 당연하지만, 이곳은 아직 아무것도 시작되지 않은 느낌이 있었다. 지금 돌이켜보면, 빙산의 일각만 본 사람이 쉽게 던지는 말이었다. 그러니까 그때 느낀 모든 감상은 여기 이 마다에 오게 될지 모르고, 잠깐 머물다 간 이방인이 감상에 젖어 내뱉은 안일한 평가였다. 막상 안으로 들어와 보니 그 말들이 얼마나 가벼웠는지 뒤늦게 실감하고 있다.

근데 내가 마다로 오다니

하나

　마다가스카르에서 산다. 사업을 한다. 둘 다 내가 할 거라고 생각해보지 않은 문장이었다. 지금은 두 문장을 합친 삶을 살고 있다. 마다가스카르에서 사업을 하고 있다. 살면서 상상조차 해보지 못한 이야기를 써내려가고 있다. 책을 읽다 보면, 작가는 아무렇지 않게 지나가는 장면 속에 앞으로 벌어질 일을 암시하곤 한다. 그때는 모르고 지나치지만, 돌아보면 사건의 복선이었다. 생각해보면, 내게도 복선이라고 생각하지 못했는데 돌아보니 웃긴 장면이 있었다.

　당시엔 전혀 의미를 두지 않았던 사건이고 지금도 딱히 그렇다고 생각하지 않지만, 아프리카를 간다는 말이 처음 나왔던 순간이 떠오른다. 전 남자 친구가 목회 쪽에 있는 사람이었는데 사귀던 중 그의 누나를 만난 적이 있다. 그때 뜬금없이 이런 질문을 받았다. "○○가 아프리카 간다면 따라갈 수 있어요?" 첫 만남에 별 얘기를 다 묻네 싶었다. 당시 나는 전혀 한국에서 벗어날 생각이 없던 사람이었다. 그래도 분위기를 망치고 싶은 마음이 없었기에, 속마음과 다르게 어색하게 웃으며 긍정했었다. 그랬던 내가 지금은 아프리카, 그것도 마다가스카르에서 사업을 하고 있다. 그분이 정말 아프리카로 갔는 지는 모르겠지만, 적어도 나는 왔다.

마다가스카르에 가기로 결정했을 때, 인생의 한 챕터를 정리하고 다음을 어떻게 구상할 것인가를 고민하고 있었다. 회사를 그만두고 산티아고 순례길을 걸었다. 걸었던 길을 에세이로 썼고 출간도 해서 인생의 첫 책을 냈다. 이제는 다시 직장을 다닐지, 아니면 완전히 다른 길을 갈지를 고민하던 참이었다. 어진이도 마찬가지였다. 대학을 갓 졸업하고, 앞으로 뭘 할지 어디로 가야 할지에 대한 결정을 내려야 하는 시기였다. 그런 복잡한 마음을 가진 두 사람은, 그런 속내를 털어놓지는 않았지만 자주 만나 같이 시간을 보냈다. 엄마는 종종 우리에게 마다가스카르에 가서 뭐라도 해보라고 했다. 별 다를 것 없이 내 본가에 모여 놀던 어느 날, 엄마가 다시 한번 마다가스카르 얘기를 꺼냈다. 평소에는 농담처럼 넘기던 어진이가 그날따라 툭, "우리 진짜로 마다 갈까?"라고 물었다. 정확한 말투는 생각이 나지 않지만 진지하게 날 설득하거나 대단한 결정을 내린 선언이 아니라 그냥 "근처 편의점 갈래" 정도의 가벼운 말투였던 게 기억난다. 거기에 나도 별 생각 없이 좋다고 대답했다. 그렇게 우리는 갑작스럽게 마다가스카르로 가기로 결정했다. 이야기 전개가 갑자기 다른 방향으로 틀어졌다.

지금 생각해보면 먼 타지에 가서 살면서 사업까지 하겠다는 결정을 너무 쉽게 내린 게 아닌가 싶다. 그것도 아프리카로 가는 건데 말이다. 이런 큰 결정을, 확실한 비전도 세부 계획도 없이 내렸다. 덕분에 현실과 이상의 간격에 힘겨워 할 필요가 없었다. 아무것도 몰랐기에 지내면서 차차 비전과 계획을 만들어갔다. 우리 둘 다 선교로 갔던 경험 말고는 마다가스카르에 대해 아는 게 거의 없었고, 사업 경험도 없었다. 그냥 한 번 해볼까? 하는 마음으로 우리는 마다에 갈 준비를 시작했다.

준비도 가벼운 마음으로 했다. 처음에는 작고 단순한 것부터 시작하면 좋다는 말을 듣고, 식당은 어떨까 하는 핑계로 서울의 맛집들을 부지런히 찾아다녔다. 진지한 리서치라기보단 맛집을 찾아다니며 떠나기 전 마지막으로 한국을 즐겼다. 뭐라도 해야 할 것 같아 인강으로 프랑스어 수업을 등록하고 같이 공부하기도 했다. 말라가시어는 현지에서 하자는 생각에 우선 불어에 집중했다. 준비라고 해봤자 이게 전부였다. 원래는 한 반년정도는 준비하고 가려고 했는데, 예상보다 출국 일정이 앞당겨졌다. 그렇게 우리는 2023년 9월에 마다로 오게 되었다. 아무런 계획이나 준비 없이 마다에 도착했다. 그때는 아무런 준비없이 이렇게 오는 게 맞을까라는 생각도 들었었다. 그런데 지금 돌아보니 아무리 준비해도, 결국 현지에 와야 무엇을 해야 할지 비로소 알 수 있다. 직접 부딪혀보기 전엔 결코 체감할 수 없는 현실이 있다.

그렇게 '나'라는 책은 전혀 예상치 못한 방향으로 전개되기 시작했다. 서사가 크게 움직일때는, '모험의 부름(Call to Adventure)'과 '멘토와의 만남(Meeting with the Mentor)'이라는 두 가지 요소가 필요하다고 한다.

하나는 이야기를 시작하게 만드는 외적 계기이고, 다른 하나는 여정을 가능하게 만드는 내적 힘이다. 마다로 향한 나의 여정에도 그 두 가지가 있었다. "가보자"고 말했던 어진이의 한마디는 내 일상을 흔든 부름이었고, 그 여정이 현실이 되도록 조용히 등을 떠밀어준 사람은 부모님이었다.

마다에 와서 가장 많이 들은 말이 "부모님은 걱정 안 하세요?"였다. 앞에서 언급했듯이 내가 마다로 가길 가장 먼저 바라고 강력히 원한 사람은 엄마였다. 선교 이후에 종종 내게 더 큰 꿈을 마다에서 이뤄보라고 말씀하셨다. 계속 "좀 더 준비하고… 좀 더 알아보고…" 하면서 망설이던 내게 일단 가보라며 등을 떠밀었다. 내가 가서 뭘 할 수 있을 줄 알고 자꾸 나를 내모는 건가 싶었지만, 동시에 그 믿음이 큰 힘이 되었다.

내 자존감의 뿌리는 부모님이라고 자주 말한다. 부모님의 믿음은 마치 단단한 땅 같다. 아이가 뛰든, 서 있든, 잠깐 넘어진다고 해도 땅이 단단하고 흔들리지 않는다는 확신만 있다면 다시 일어설 수 있다. 나는 아이는 아니지만, 서른이 넘은 지금도 내 중심에는 부모님의 단단한 신뢰가 있다. 그래서 넘어져도 다시 일어나고, 낯선 길 위에도 두려움 없이 설 수 있었다.

준비가 됐든 아니든 일단 떠났다. 새로운 챕터를 쓰기 위해 트렁크 두 개와 배낭 한 개를 가지고 한국에서 10,430km 떨어진 마다가스카르로 왔다. 이전 챕터와 비슷한 사건과 캐릭터로 스토리를 이어가고 싶었는데, 어쩌다보니 등장인물부터 배경까지 완전히 새로운 이야기로 써내려 가게 됐다. 주인공은 같은데 책이 찢어져서 새로운 장르를 붙여버리게 되었다. 잔잔한 성장 소설을 쓰려고 했는데, 모험기가 되어버렸다. 다행히 시도 때도 없는 고난에도 유머를 잃지 않고 있으니, 지금 내가 쓰고 있는 건 블랙 코미디 모험기라고 말해보겠다.

일이라는 건 순서대로 되지 않아

어진

"일이라는 건 학교 수업처럼 순서대로 되지 않아."

인천 공항에서 짐을 부치려고 기다리는 동안 아빠가 했던 말이다.

이제 막 대학교를 졸업하고 제대로 된 사회 생활조차 해보지 않은 딸이 선택한 다음 행보가 아프리카 창업이라니, 꽤나 파격적이라고 할만 하다. 우리 앞에는 아직 카트 위에 캐리어를 잔뜩 실은 외국인들 두어명이 더 서있었고, 아빠는 마치 수능을 앞둔 고삼을 붙들고 필수영단어를 밀어넣는 족집게 강사처럼 마지막 당부를 하기 시작했다.

"일은 abcd 차례대로 가지 않고, 때로는 a에서 c로 가기도 하고 ab가 동시에 진행될 때도 있어. 너무 완벽하게 끝내려고 하지 말고, 80프로만 완성된 것 같더라도 다음 단계로 넘어갈 줄 알아야 돼."

"아빠가 직원들한테 항상 하는 얘기가 있어. 아무것도 안하는 게 문제지, 뭔가를 해보려다가 잘못하고 실수하는 건 문제가 아니라고. 도전하고, 일을 만들고, 일단 해보려는 자세가 중요하다고. 너도 가서 많이 경험하고 일을 만들어 봐."

사실 마다가스카르에 가겠노라고 부모님께 통보 아닌 통보를 했을 때, 곧장 따뜻한 응원을 받은 건 아니었다. 갑작스러운 아프리카행을 선포한 이후부터 부모님을 마주칠 때마다 콕 찝어 설명할 수 없는 어색한 기류가 흘렀다. 출국 날짜가 코앞으로 다가올 때까지도 왠지 모를 거리감과 불편함은 완전히 해소되지 않았고, 나는 이보다 더 크게 부딪히지 않은 걸 다행으로 여기며 차근차근 떠날 채비를 했었다.

그랬기에 복잡미묘한 표정으로 남은 시간동안 하나라도 더 말해주려고 바쁘게 쏟아냈던 아빠의 조언들이 기억에 남는다. 그 말 속에는 혹시라도 기대했던 바와는 다른 현실과 마주할 수도 있는 딸에 대한 걱정과 결과에 대한 조급함 없이 자유롭게 시도하라는 응원이 동시에 담겨 있었다.

"그동안 가치 있는 일을 하려고 공부한 거니까, 이제 가서 해봐."

나에게 하는 말인지 아빠 자신에게 하는 말인지 모를 이야기를 마지막으로 속성과외가 끝났다. 그래, 삶에서 뭔가 의미있고, 가치있고, 그것도 아니라면 재미있기라도 한 일을 해보겠다고 그동안 나름대로 치열하게 공부했었다. 중학생 때부터 혼자 10년정도 해외살이를 했는데, 언제나 나보다 뛰어난 사람들이 넘쳐나는 환경 속에서 비슷하게라도 따라가기 위해 애쓰는 날들이었다.

대학에서 심리학을 전공한 나는 당연히 대학원에 지원하려고 했었다. 주변에서도 대학원을 준비하는 친구들이 많았기 때문에 내 입장에서는 자연스러운 다음 단계였다. 그러나 졸업 날짜가 다가올 수록 내가 앞으로 끝없는 공부와 연구를 하며 스스로 만족하는 삶을 살 수 있을 지에 대한 확신이 서지 않았다. 가보지 않은 길에 대한 막연한 불안인가 싶었지만, 잠시 연구실 매니저로 일하며 엿본 대학원 생활은 오히려 그 불안을 더욱 높일 뿐이었다. 결국 고민 끝에 대학원 지원을 포기하고 한국으로 돌아와 숨고르기를 하기로 했다. 갑자기 붕 뜬 듯한 느낌에 약간의 허탈함과 무기력함에 빠져있던 중, 운명처럼 마다가스카르가 찾아왔다.

지난 해 겨울 단기 선교를 통해 한달 동안 경험했던 마다가스카르는 계획이 통하지 않는 변수의 나라였다. 나에게 익숙한 틀과 울타리를 벗어나서 제대로 '구를 수 있는' 최적의 환경이었다. 어쩌면 무모한 결정이었지만, 나 자신의 한계와 가능성을 실험해보고 싶었던 것 같다. 다른 사람들을 따라잡기에 급급한 술래잡기 대신, 새로운 기회의 땅이라고 불리는 아프리카에서 온전히 처음부터 새로운 일을 도전하고 일궈내고 싶다는 욕심도 있었다. 만약 초심자의 행운조차 따라주지 않는 최악의 상황에서 완전히 실패하고 돌아온다고 해도, 그곳에서 살아낸 경험이 앞으로 나의 삶을 지탱해 줄 강력한 동력이 될 것 같았다. 혼자였다면 애초에 엄두도 내지 못했겠지만 마침 비슷한 시기에 퇴사를 하고 진로를 고민하던 하나언니가 흔쾌히 함께 떠나겠다고 했다. 그리고 뭐가 됐든, 나이가 무기라고 아직 젊지 않은 가. 젊어서 고생은 사서도 한다던데. 마다가스카르행을 결심한 순간부터 시들었던 마음에 설렘과 기대가 차올랐다.

하지만 그건 나의 생각이고, 부모님 입장에서는 당연히 쉽게 받아들이기 어려웠을 것이다. 마다가스카르에 온 지 어느덧 2년이 다 되어가는 지금도 한번씩 공항에서 아빠와 나눴던 이때의 대화가 떠오른다. 눈물의 포옹도 호들갑스러운 작별 인사도 아니었지만, 그랬기에 오히려 더 기억에 남는다. 계획대로 되지 않는 일에 집착하는 대신, 우리의 눈 앞에 펼쳐질 수많은 변수들을 기대하면서 고유한 가치를 만들어 나가려고 한다. 부딪히고, 실패하고, 울고, 헤매는 모든 순간들이 삶의 단단한 경험치로 쌓여갈 거라고 믿는다. 그래서 우리는 지금 기회의 땅 마다가스카르에 있다.

도움을 받는 것도 배워야 한다

하나

처음에는 뭐 하나 구하기가 너무 어려웠다. 아무래도 아는 게 없기도 하고 정착하는 동안에는 이것저것 구해야 할 게 많아서 더욱 그랬다. 현지에서 쉽게 구할 수 있을 거라고 생각하고 굳이 가져오지 않은 물품들이 있었는데, 막상 와보니 생각과 다르게 구하기가 어려웠다. 그 중에 플라스틱 컨테이너가 그랬다. 작고 크고 얇고 두껍고 할 것 없이 플라스틱 상품 자체를 구하기가 어려웠다. 공산품이라는 이유로 가격도 상상 이상으로 비쌌다. 마트에서 쉽게 구할 수 있을 줄 알았는데, 작은 반찬통 사이즈가 한화로 3만원이 넘었다. 조금 더 저렴한 반찬통을 사기 위해 현지 시장으로 나섰다. '아나나켈리(Analakely)'라는 현지 시장은 소매치기도 많고 복잡해서 정신을 똑바로 차리고 다녀야한다는 경고를 많이 들었다. 반찬통을 구하겠다는 의지 하나로 야무지게 가방을 앞으로 메고 현지인 친구 뒤에 딱 붙어서 사람들 틈을 비집고 다녔다. 그렇게 겨우 원하던 반찬통 몇 개를 구할 수 있었다.

우리가 이곳에서 지내는 동안 마다가스카르는 야금야금 조금씩 변했다. 지금은 비싸긴 해도 웬만한 건 다 구할 수가 있다. 대형 마트에 가면 작은 소스통부터 이불을 넣을 수 있을 정도의 대형 플라스틱 박스까지 다 팔고 있다. 심지어 가격대도 다 내려갔다. 원한다면 쉽게 구할 수 있게 되었다. 마트 브랜드조차 바뀌었다. 올 때만 해도 '점보'였던 대형 마트는 이제 프랑스의 유명 브랜드인 '까르푸(Carrefour)'가 되었다. 굉장히 작은 부분에 과하게 흥분하는 걸로 보이지만, 그때는 플라스틱 통, 쌀국수 면, 먹을 만한 멸균우유, 또띠아, 맛있는 치킨너겟 등 익숙하게 샀던 물건이 너무 구하기 어려웠다. 이제는 새로운 상품들이 곧잘 보인다. 다만 어제까지만 해도 멀쩡히 진열되어 있던 상품이 소리소문없이 사라지는 일은 흔히 있다. 어느 날 마트에 갔는데 자주 안나오는 오트 밀크가 있으면 재빨리 있는 대로 다 사버린다. 언제 다시 들어올 지 모르니 있을 때 쟁여둘 수 밖에 없다. 그래봤자 15개 정도니 너무 놀라지 마시길!

처음 도착했을 땐 정보가 너무 없었다. 어디에서 뭘 사야 하는 지도 모르겠고, 여기에서는 단순히 인터넷 검색으로 해결되지 않을 때가 있었다. 정보 자체를 현지 사람들은 어느 플랫폼을 많이 사용하는지 모르는 상황이라 적응기가 필요했다. 그래서 정보를 얻으려면 직접 사람을 만나서 물어봐야 했다. 한국에선 손가락 몇 번 두드리면 해결될 일이었는데, 여기선 '맛있는 고기를 파는 곳이 어디냐'라는 단순한 정보조차도 누군가를 통해 들어야만 알 수 있었다. 마트에 가서 사면 되지, 라고 생각할 수 있는데 여기서는 고기도, 생필품도, 마트마다 파는 품

목과 가격이 달라서 꼭 마다에서 사는 사람들의 조언이 필요했다. 한 6개월이 지나서야 슈퍼유에는 푸드코트에서 파는 음식이 맛있고, 고기는 까르푸가 제일 질이 좋고, 어떤 식자재를 얻고 싶으면 누구에게 연락해야 하는지 같은 생존 정보들을 알 수 있었다.

그때 나는 내가 도움을 받는 게 익숙하지 않은 사람인 걸 알게 되었다. 요즘은 사람을 직접 만나지 않아도 정보를 얻기에 불편함이 없는 시대라고 생각한다. 검색 몇 번이면 맛집이든 병원이든, 비교까지 다 끝낼 수 있다. 그러니까 굳이 오프라인에서 사소한 물품들의 출처를 물어보며 관계를 만드는 과정이 필요 없어졌다. 그런데 마다에 오니 이런 정보 하나도 주변 사람의 도움이 필요했다. 사람들과 인사를 나누고, 대화하고 관계를 맺어가며 정보를 교류해야 했다. 도움을 받는 것도 주는 것도 어색한 사람이라 초반에는 이 행위 자체가 불편했다. 하지만 잘 적응하기 위해 관계를 맺고 정보를 공유하면서 생각이 바뀌었다. 단순한 정보를 공유하는 행위조차도 그냥 할 수 있는 게 아니라 선의와 애정이 있어야 할 수 있다는 걸 배우는 시간이었다.

그때 도와주신 한인 분들과 현지 말라가시 분들의 얼굴이 지금도 선하다. 덕분에 서로 돌보는 행위에 대해 생각해볼 수 있는 시간이었다. 지금 돌이켜보면, 그 시기에 도움받는 연습을 했다. 처음에는 이때까지 살아왔던 방식이 있던 터라 나 혼자 뭘 해보겠다는 마음도 컸다. 그 모든 걸 잠시 내려놓고, 누군가의 손을 잡는 법을 배워야 했다. 그 배움으로 지금까지 내가 마다가스카르에서 버틸 수 있었다. 도움을 받는다는 건 부족하다는 뜻이 아니라, 함께 살아가는 방식이다. 마다에서 지내면서 두 명의 지식으로는 해결하지 못할 일들이 많았다. 도움을 받는 걸 더이상 어려워하지 않게 된 이후에는 막히면 쉽게 다른 분들께 지혜를 청하러 간다. 한국이든 마다에서든 Help 요청에 No라고 매정하게 말하는 사람은 아직 아무도 없었다. 그 어떤 형태로든 조언과 지혜를 나눠주신 모든 분께 진심으로 감사를 전한다.

자기소개하기

어진

마다가스카르에 사는 한국인들은 대략 200명 정도이다 (2024년 기준). 한인 커뮤니티가 작은 만큼 '어느 날 갑자기 등장한 젊은 두 여자'는 모두의 주목을 받을 수밖에 없었다. 청년들이 마다가스카르에 오는 게 드문 일은 아니었지만 대부분 봉사나 선교를 위한 목적으로 단기체류를 하고 다시 떠나는 사람들이었다. 사업을 하겠다고 마다가스카르에 눌러앉은 무모한 청년들은 우리가 거의 처음이었던 것 같다. 당연히 우리가 NGO단체에서 보낸 파견직이거나, 선교사를 꿈꾸며 단기 선교에 참여한 청년들 중 하나라고 생각했던 사람들은 둘다 아니라는 대답에 눈이 동그래지고는 했다. "대체 어떤 애들이길래 여기까지 왔나"라는 호기심과 "혹시 이상한 애들은 아닌가"하는 경계가 섞인 눈빛을 자주 받았었다.

"아니요, 저희는 선교사나 NGO직원은 아니구요. 사업하러 왔습니다."

사업이라는 단어를 입에 올리는 게 아직 스스로에게조차 어색할 시기에 멋쩍게 웃으며 가장 많이 했던 자기소개다. 그마저도 "무슨 사업?"이라고 따라붙는 질문에는 아직 찾아보는 중이라며 말끝을 흐리고, 더 많은 질문들이 쏟아지기 전에 재빨리 자리를 피했다. 보통 그 뒤로는 "왜 사업을 하러 마다가스카르까지 왔냐"라던지 "원래 비지니스를 전공했냐"는 질문들이 나오기 마련이다. 당시에는 한창 현지 조사를 하며 사업 아이템을 닥치는 대로 알아보던 시기였기 때문에 한가지를 특정해서 말하기가 어려웠다. 어제까지만 해도 분명 대박이 날 것 같았던 아이디어가 다음날이 되면 손바닥 뒤집듯이 찬밥 신세가 되기 일쑤였다. 좁은 커뮤니티일수록 말이 와전되거나 부풀려질 수 있다는 것을 알았기에 우리조차도 불확실한 우리의 미래 계획에 대해서는 더더욱 조심스럽게 말을 아꼈던 것 같다. 갈수록 너스레만 늘어서 누군가가 잘 지내냐고 물어보면 "열심히 하고는 있는데 마다가스카르가 워낙 쉽지가 않은 나라네요"라고 허허, 웃으며 주제를 돌리곤 했다. 본격적으로 수출업을 시작하며 바빠진 이후부터는 예전만큼 사람들을 자주 만날 기회 자체가 없어졌다. 이제는 허둥거리며 자기소개를 했던 일들도 까마득하게 느껴진다.

지금도 여전히 우리의 매일은 사건사고의 연속이지만, 마다가스카르에 온 초반에는 훨씬 더 심했다. 현지 상황을 잘 몰랐던 만큼 더 해맑았고, 그만큼 더 대책없었다. 주변에서 보기에 사업은 고사하고, 우리가 밥은 제대로 챙겨 먹고 다닐런지 혹은 엉뚱한 곳에 정신이 팔려있다가 소매치기를 당하지는 않을 지가 걱정이었을 것이다. 실제로 미국대사관에서 일하던 어느 부부는 다른 나라로 발령을 받아 마다가스카르를 떠나기 전에 우리에게 호신용품을 선물로 줬었다. 어디를 가든지 항상 들고다니라는 신신당부와 함께. 한손에는 전기충격기를, 한손에는 후추스프레이를 받아들고 예상치 못한 선물에 얼떨떨해했던 기억이 난다. 그땐 재미있는 선물 정도로 생각하며 웃고 지나갔지만, 지금은 누구보다도 더 알차게 사용하는 중이다. 언니와 가끔씩 집근처로 저녁 산책을 나갈 때에는 잊지 않고 꼭 전기충격기를 챙긴다. 반대편에서 모르는 사람이 우리쪽으로 걸어오는 것 같으면 괜히 한번씩 지직, 하고 전기충격기를 튕겨 혼자만의 경고를 날려준다. 물론, 상대방은 그저 갈길 가는 행인1에 불과했겠지만 조심해서 나쁠 건 없으니까.

언니와 나 둘다 인복이 많은 덕분에 마다가스카르에서도 좋은 사람들을 만나 그들의 애정어린 잔소리와 걱정어린 관심을 받으며 한뼘 더 자라났다. 한 아이를 키우려면 온 마을이 필요하다고 하던가. 어딘가 어설픈 두 청년이 온전히 뿌리를 내릴 수 있도록 온 마다가스카르가 관심을 기울여 준 것 같다. 초반에는 우리 자신조차도 정리가 되지 않아서 횡설수설했던 자기소개도 이곳에서 보내는 시간이 쌓여갈 수록 점점 더 정돈되고 분명해져간다. 정작 지금은 스스로를 길게 소개할 일이 거의 없지만, 혹시 나중에 유명해져서 인터뷰를 하게 될 수도 있으니 남몰래 거울을 보며 연습을 해본다. 괜한 설레발일지라도, 사람 일은 또 모르는 거니까.

"안녕하세요, 저희는 마다가스카르에 사업하러 온 청년들입니다. 저희가 왜 마다가스카르를 선택했냐면요…"

마다에 대해 알아가기

하나

 사업을 하러 왔지만 막상 도착해서도 어떤 사업을 할지 구체적으로 정하기까지는 시간이 걸렸다. 작은 가게를 열까, 무언가를 팔까, 수입을 해볼까, 수출을 해볼까, 제작을 해볼까. 아무것도 정해지지 않은 채 그냥 사업을 시작해야겠다는 포부만 있었다. 처음 1년은 리서치 기간으로 삼고 부지런히 여러 가능성을 찾아 움직였다.

 많은 사람들을 만나고, 다양한 장소를 다녔다. 마다가스카르라는 나라 자체를 알아가는 시간이 필요했다. 그래서 한번은 말라가시 대학생들에게 8주 동안 영어를 가르치기도 했다. 이곳 청년들이 어떤 꿈을 꾸고 어떤 현실에 놓여 있는지 직접 보고 듣고 싶었다. 개중에는 잦은 교수 파업으로 인해 수업이 제대로 열리지 않아서 졸업이 미뤄진 친구들도 있었다. 한학기 수업을 듣고 시험에 통과 하지 못하면 한 학년의 절반이상이 유급되기도 했다. 취업을 해야 하는데 일자리가 없어 고민인 친구들도 많았다. 가능한 일자리 중 가장 돈을 많이 주는 건 콜

센터라 그곳에 많이 취직하기도 했다. 교육하는 동안 마다가스카르의 청년들의 현실을 알 수 있었다.

사업 리서치도 계속됐다. 일단 떠오르는 모든 아이디어들의 현실가능성이 있는지 알아보러 다녔다. 라면에 꽂혀서 현지 라면 공장을 찾아가보기도 했다. 막상 가보니 위생 상태는 아쉬웠고, 면의 품질도 만족스럽지 않았다. 그럼에도 불구하고 이 안에서 시장이 유지된다는 점은 인상적이었다. 또 토마토 농장 투어를 하기도 했다. 평소에도 드라이 토마토를 좋아하는 터라 햇볕이 강한 마다에서 하기 좋은 상품이지 않을까 하는 생각에 찾아본 거였는데, 건조를 시켜도 남는 특유의 물향 때문에 이 또한 포기해야 했다. 그리고 살충제를 안 쓸 줄 알았는데, 오히려 엄청 뿌리고 있었다.

치킨에도 관심이 생겨서 양계장을 찾아 다니기도 했다. 돌아다니면서 알게된 건 마다가스카르에서는 1인당 닭고기 소비량이 1년에 2kg 남짓할 정도로 시장이 작다는 사실이었다. 그래도 현지업체 중에 새롭운 기술과 시장을 만들어가려는 곳이 이미 존재했다. 그 업체에서 보유하고 있는 기술은 좋았지만, 시장에서 막 잡은 닭을 신선하다고 생각하는 현지 사람들이 아직 많아서 대중의 인식을 바꾸는데 시간이 필요해 보였다. 덕분에 그 기간동안은 마다에서 어떤 업체들이 어떤 흐름으로 일하고 있는지 알 수 있는 시간이 되었다.

사업 리서치를 통해 마다가스카르의 큰 흐름을 볼 수 있었다면, 마다가스카르 문화를 알아보고 수도 곳곳을 가게 만드는 건 유튜브였다. 마다에 가기로 마음을 먹었을 때부터 유튜브를 찍기 시작했다. 그래서 우리가 초반에 어떤 고민을 했는 지도 영상으로 남길 수 있었다. 특히 초기에는 시간이 많아서 유튜브에 집중할 수 있었고, 다양한 콘텐츠를 찍기 위해 이곳저곳을 다니기도 했다. 식당을 찾아다니며 맛집 탐방도 해봤다. 영상을 찍기 위해 갔던 곳 중 악어 농장도 있었다. 평소라면 둘 다 절대 가지 않았을 곳들 중 하나였다. 가죽과 고기를 위해 사육하는 악어 농장이었고, 그 외 공간은 동물원처럼 해놔서 카멜레온같은 다른 동물들도 볼 수 있었다. 심지어 악어 고기도 먹어봤다. 덜 익은 고기가 나와서 제대로 요리된 악어고기에 대한 평가는 못하지만, 닭고기와 물고기 중간 맛이라 내 입맛엔 아니었다. 유튜브를 하지 않았다면 시도조차 하지 않았을 일들을 굳이 해보기도 했고 그 덕에 새로운 마다를 경험할 수 있었다. 아직도 500명을 넘지 못하는 단란한 구독자 수를 가지고 있지만, 이제는 우리를 위한 기록이라고 생각하며 즐겁게 남기고 있다.

이 모든 시간들이 우리에게 이곳을 더 알아갈 수 있는 기회를 열어주었다. 악어 고기를 먹고, 플리마켓을 기웃거리며 흥정하는 일들부터 뭐라도 해보겠다고 여기저기 두드려 본 경험들은 마다가스카르를 더 깊이, 더 넓게 경험하게 만들었다. 덕분에 지금 우리는 그럭저럭 자리를 잡고 있다. 사업이든 어떤 일이든 다른 나라에서 시작하기 위해서는 지내면서 맞춰나가는 시간이 필요하다.

이 나라가 어떤 문화를 가지고 있고 이곳 사람들이 생각하는 방식이 어떻게 전개되는지 알아야지 제대로 대화를 나눌 수 있게 된다. 마다에서 중요한 서류에는 꼭 부모의 이름을 적는 칸이 있다. 이런 작은 부분에서 마다가스카르가 얼마나 가족 중심적인 사회인지 깨닫게 된다. 행정 서류 하나에도, 습관적인 인사말에도, 식사 자리의 분위기에도 다름이 존재한다. 어떤 문화든 익숙해지려면 더 많이 보고, 더 많이 들어야 했다. 내가 익숙했던 것들과 다른 부분들을 관찰하면서 하나씩 알아갈 때, 이해 폭이 넓어졌다. 새로운 다름 속에서 더 다양한 마다를 알아가게 되었다.

2. 함께해서 다행이야

건조한 사람

어진

나를 몇 가지 단어로 설명한다면 빠지지 않고 들어가는 단어는 단연 '건조함'일 것이다. 그렇다면 아마 가장 나와 거리가 먼 단어들은 '드라마틱'이나 '감성적'이 아닐까. 울리려고 작정하고 만든 신파 영화를 보고도 눈물을 터뜨리거나, 광활한 자연풍경에 압도되어 글썽이는 일 같은 건 거의 없다는 뜻이다. 오히려 나는 아직 그 정도의 감정선까지 도달하지 못했는데, 벌써부터 감정이 가득 차올라서 넘실거리는 사람들을 보면 멈칫하고 물러서게 된다. 그것이 긍정적인 감정이든 부정적인 감정이든지 간에.

예를 들어, 처음 마다가스카르에 와서 그 유명하다는 바오밥나무를 보러 갔을 때에도 나의 반응은 '나무가 정말 크군' 정도였다. 이걸 보기 위해서 수많은 여행객들이 기꺼이 수고로움을 감수하고 이 먼곳까지 찾아오다니. 갸우뚱하며 옆을 둘러봤는데, 나를 제외한 모든 사람들은 남녀노소 국적을 불문하고 쉴새없이 사진을 찍으며 감탄하고 있었다. 나는 이런 나의 건

조함을 나름대로 좋아하지만, 주변에서 종종 부정적인 피드백을 받기도 한다. 대체로 "정이 없다"던가 "냉정하다"는 평가들이다. 누구나 자신이 가지지 못한 것에 대한 로망이 있듯이, 내게도 사소한 일에 기뻐하고 늘 훈훈한 온기로 주변을 데우는 사람들을 향한 동경이 있다.

비록 어린왕자 속 바오밥나무는 나의 마음을 녹이지 못했지만, 내심 마다가스카르에서 살다보면 스스로 조금 더 촉촉하고 말랑한 사람이 되지 않을까 기대했다. 불편함과 부족함 속에서 오히려 작은 일에도 감동할 줄 아는 사람이 되기에 좋은 조건이라고 생각했기 때문이다. 결론부터 말하자면 바람대로 이루어진 것도 있고, 그렇지 않은 것도 있다.

이곳에 산 지 2년이 되어가는 지금, 나는 밤하늘에 쏟아질듯이 박혀있는 별들을 올려다보며 감상에 젖고, 마트에 한번씩 들어오는 수입산 과자에 진심으로 행복해하는 사람이 되었다. 우리집 강아지의 촉촉한 코와 고양이의 말랑한 핑크색 발바닥을 만지며 생각지 못한 깊이의 애정을 느끼고, 작은 선물에도 연신 고맙다는 인사와 함께 함박웃음을 지어보이는 직원들을 보며 마음이 충만해진다. 얼마 전에는 드라마를 보다가 눈이 퉁퉁 부을 때까지 휴지를 적시며 울기도 했다. 마다가스카르는 나를 더 잘 웃고, 울고, 화내고, 감동하는 사람으로 만들어주었다. 마치 처음 먹어보는 음식을 통해서 미식의 세계에 접어들기도 하는 것처럼, 이때까지 해보지 못했던 경험들은 깊이있고 새로운 감정의 여러가지 맛을 가르쳐주었다. 기쁨의 역치를 낮추면 즐거울 일들이 많아지고, 빠르게 울고 짧게 분노하는 게 정신건강에 훨씬 더 이롭다.

마다가스카르는 분명한 변화를 가져왔지만, 여전히 내 안에는 건조하고 냉정하고 차가운 면이 존재한다. 그러나 오히려 적당한 건조함이 도움이 되기도 한다. 개발도상국의 현실상 경제적으로 어려운 현지사람들을 자주 만나게 되는데, 마음은 아프지만 모두를 도와줄 수 없다는 사실을 인정해야만 하는 순간이 반드시 찾아오기 때문이다. 개개인의 안타까운 사정에 너무 몰입하다보면 중심을 잃고, 우리가 할 수 있는 능력 이상의 것을 하려다가 가랑이가 찢어지고 만다. "너 자신을 알라"는 말처럼 아직은 제 코가 석자인 우리의 수준을 알고, 그저 지금 할 수 있는 만큼만 주변 사람들에게 최선을 다하는 수 밖에 없다.

모든 건 이성과 감성 사이의 중용을 찾아가는 과정이라고 받아들이고 있다. 적정온도보다 약간 더 차가웠던 나에게 이곳에서의 시간은 따뜻함을 더해주었고, 너무 차갑지도 뜨겁지도 않은 적정온도를 향해 한칸씩 가까워져 가는 중이다.

One and only 하나

어진

    세상에는 두 종류의 사람이 있다. 언제부터 친했는지 떠오르지 않을 정도로 나도 모르게 스며들어온 사람이 있는 가 하면, 본격적으로 마음의 문을 열게 된 순간이 또렷하게 기억나는 사람도 있다. 하나언니의 경우에는 후자에 속한다. 어릴 적부터 부모님들끼리 서로 알던 사이라 종종 보긴 했지만, 하나언니는 나보다 여섯살 위였고 내게는 훨씬 더 '어른'에 가까운 존재였기 때문에 늘 약간의 거리감이 있었다. 존댓말을 써야 할지 반말을 해야 할지 고민하다가 결국 말끝을 흐리고 서둘러 대화를 마무리하는 정도의 사이라고나 할까. 그렇게 어색했던 우리가 어쩌다가 마다가스카르에서 함께 살아가는 운명공동체가 되었을까?

    우리가 서서히 가까워지기 시작한 건 필리핀에서 함께 유학 생활을 하면서부터였다. 혼자 필리핀으로 떠난 열네살의 나는 당시에 그곳에서 공부하고 있었던 하나언니와 같이 살게 되었다. 한 공간 안에 있으면서도 처음 일년정도는 서먹한 하우스메이트 그 이상 그 이하도 아니었다. 이때 깨달은 사실 하나는 닮은 구석이 많은 사람들은 빨리 친해지지만, 똑같은 사람들은 오히려 더 오래 걸린다는 점이다. 둘 다 똑같이 타인에게 무심하고, 굳이 나서서 친해지려고 하지 않는 성격이다 보니 각자의 영역을 침범하지 않은 채 나는 내 방에, 언니는 언니 방에 있는 평화로운 상태 그대로 일년이 흘러가고 말았다.

그렇다고 데면데면했던 사이가 바뀌게 된 전환점이 그리 대단한 것도 아니다. 어쩌다보니 비슷한 시기에 홈트레이닝에 빠진 우리는 유투브로 '따라하기만 해도 살빠지는 춤' 따위의 영상을 찾아 보며 따라했었는데, 거울에 비친 언니의 춤사위를 보는 순간 그간 가지고 있었던 심리적 거리감이 확, 좁혀졌다. 그게 뭐가 그렇게 웃겼는 지 영상을 보고 제대로 따라 하는 시간보다 바닥을 구르며 웃는 시간이 더 많을 정도였다. 매일 저녁마다 서로의 어설픈 동작에 위안을 얻으며 같이 운동 아닌 운동을 했고, 이 시간은 자연스럽게 야식과 수다로 이어졌다. 이야기를 하면 할수록 비슷한 결의 사람이라는 걸 깨달은 우리는 그동안 서먹했던 시간이 무색할 만큼 금세 편해졌다. 그렇게 하나언니는 내가 고민이 있을 때마다 가장 먼저 달려가서 문을 두드리는 사람이 되었다.

이제는 말 그대로 하나언니와 뗄레야 뗄 수 없는 운명공동체이다. 일도 삶도 함께 나누고 있으니 말이다. 서로 알고 지낸 지만 해도 어느덧 10년이 넘었고, 그 중 최근 2년 정도는 마다가스카르에서 아침에 눈을 뜨는 순간부터 감을 때까지 거의 24시간을 함께 하는 중이다. 특히나 치안 문제도 있어서 되도록 개별행동을 자제하다보니 어디를 가든지 패키지 상품처럼 꼭 붙어 다니는 식이다. 종종 주변에서 맨날 둘이 붙어 있으면 지겹지는 않냐라던지, 싸운 적은 없냐는 질문을 받기도 한다. 개인적으로 인간관계에 있어서 가장 중요한 두 가지 코드는 웃음코드와 분노코드라고 생각하는데, 다행히도 두 가지 코드 모두 일치하는 덕분에 같은 포인트에 낄낄거리고 같은 일에 씩씩대며 잘 지내고 있다.

그렇다고 해서 한번도 서로가 거슬리지 않았다고 한다면 그건 거짓말일 것이다. 하나언니를 한 문장으로 표현하자면 하루에도 열두번정도 사라진 핸드폰을 찾아 헤매이며 날마다 팔다리에 새로운 멍자국을 만드는 사람이라고 할 수 있다. 바닥에 떨어진 핸드폰을 주우려고 고개를 숙였다가 테이블에 머리를 찧는 식이다. 냉장고 문은 항상 애매하게 열어놓고, 탄산수는 뚜껑을 열 때마다 샴페인처럼 화려하게 터뜨리는 의식을 빼먹지 않으며, 물건은 꼭 테이블 모서리에 아슬아슬하게 걸쳐 두는 스릴을 즐긴다.

평소에는 오히려 재미있는 에피소드로 여기며 웃어넘기던 일들이 어쩌다 한번씩 목에 걸린 가시처럼 거슬릴 때가 있는데, 이런 경우는 온전히 나의 문제라고 생각한다. 평소와 다름없는 상대의 모습이 신경을 건든다면 그건 상대의 잘못이 아니라 마음의 여유가 없어진 나 자신이 불편함의 원인일 때가 많다. 그럴 때면 말을 아끼고 기분이 환기될 때까지 잠시 혼자만의 시간을 가진다. 미처 기분을 다 환기시키기 전에 성급하게 빠져나간 쿰쿰한 말들까지도 부드럽고 유쾌하게 받아주는 언니에게 감사를 표한다. 침대에 가만히 누워 지금까지 나의 성가신 모습들에 대해서는 한번도 불평하지 않았던 언니를 생각하며 꼬였던 마음을 푼다.

사실 허점 많고 덜렁거리는 하나언니의 모습은 내가 좋아하는 모습 중 하나이다. 그만큼 다른 사람의 실수와 빈틈에도 너그럽기 때문이다. 어떤 상황에서도 무던한 사람 자체가 주는 묘한 안정감 덕분에 나도 이미 저질러진 실수에 대해 과도하게 자책하지 않고 넘길 수 있는 여유가 생겼다. 예전에는 실수하면 큰일나는 줄 알았는데, 대부분의 모든 문제는 어떻게든 결국 해결되긴 하더라. 말도 안되는 이유들로 계획이 틀어지는 일이 다반사인 이곳에서 스트레스 관리는 선택이 아닌 필수이고, 하루종일 되는 게 없는 날에도 집에 돌아와 자학개그를 하며 낄낄거릴 수 있는 룸메이트가 있다는 것은 아무리 생각해도 큰 축복일 수 밖에 없다.

To my 깔깔메이트

하나

　어진이와 같이 지낸 적이 종종 있었다. 예전에 필리핀에서도 함께 살았고, 코로나 기간에도 잠깐동안 같은 공간에서 지냈었다. 그 중 우리가 잘 맞는 사람들이라고 느낀 건 코로나 기간동안 같이 지낼 때였다. 거의 6년 만에 다시 함께 지내게 된 상황이었다. 미국으로 유학을 다녀온 어진이 얼굴조차 오랜만에 보는 상황이었다. 그래서 예전부터 알던 사이긴 했지만 내가 기억하는 어진이와 다를 수도 있겠다는 생각을 했다. 필리핀에서 지낼 때 수다는 많이 떨었지만 깊은 대화를 해본 적이 거의 없었는데, 코로나 기간에는 심도있는 대화를 나눌 시간이 많았다. 평소엔 가까운 사람과도 쉽게 하지 않을 정치, 젠더, 계층, 신앙적 가치관에 대한 대화들을 나눴었다.

　머리가 커져서 다시 만난 우리는 각자 확고한 가치관을 가진 상태였다. 그런데 놀랍게도 생각의 결이 정말 비슷했다. 사실 이런 경험은 흔치 않다. 같은 부모를 두고도 전혀 다른 가치관을 가지게 되기도 한다. 내 친동생과 나는 실제로 많은 부분에서 생각이 다르기 때문에 잘 안다. 같은 환경에서 자란다고 같은 생각을 가지는 건 아니다. 원래 비슷한 생각을 하던 사람들도 몇 년간 떨어져서 살면 쌓인 경험이 달라져 다시 만나도 예전처럼 깊은 대화가 잘 통하지 않는 경우가 있다. 다들 그런 경험이 있을 거라고 생각한다. 서로의 생각을 같은 방향과 결로 맞춘다는 건 정말 쉽지 않은 일이다. 그런데 각자 다른 곳에서 살다가 만난 어진이와 나는 거의 비슷한 결의 생각을 가진 사람이 되어있었다. A라는 이야기를 하기 위해 필요한 배경지식을 서로 이미 충분히 갖추고 있어서 A의 배경을 일일이 설명하지 않아도 됐을 때 확신했다.

마다에 와서는 거의 뇌의 동기화 수준에 도달했다. 가끔은 같은 뇌를 가진 게 아닐까 싶을 때도 있었다. 무슨 일이 생기면 하는 생각과 느끼는 감정이 매우 비슷하다. 아무래도 같이 지내는 시간이 많아서 더 그랬다. 지금 우리는 거의 모든 시간을 함께 보낸다. 같이 밥 먹고, 같이 일하고, 같이 놀고, 얼마 전까지는 한 침대에서 같이 자기까지 했다. 화장실 갈 때를 빼고는 거의 모든 생활을 공유한 셈이다. 그렇게 지내면 좀 질릴 법도 한데, 여전히 깔깔거리며 할 얘기가 서로 많다. 요즘은 뇌의 동기화가 심해져서 내가 뭘 말하려고 하면 어진이는 이미 알고 있고, 말이 채 끝나기도 전에 맥락을 맞춰 받아친다. 가끔 무서울 때도 있다. 온종일 그렇게 서로 붙어있으면서 계속 둘만 웃긴 인사이드 조크를 치며 즐거워한다. 사실 어디 갈 곳도 할 것도 없는 곳이라 서로의 얼굴만 보고 지내야 할 때가 많은데, 덕분에 크게 답답하거나 지루함 없이 깔깔거리며 하루를 보낸다.

물론 다른 점도 있다. 생활 습관이 다른 편이다. 이제는 어진이의 습관에 많이 동화되어서 다르다고 하기 어려운데, 원래 나는 삼시세끼 이외에는 거의 간식을 안 먹는 타입이었다. 대신 끼니를 먹을 때 1인분을 꽉 채워서 먹는 편이다. 반면, 어진이는 자주 조금씩 먹는 타입이다. 한 번 먹을 때 내가 먹는 양의 0.3 정도 먹는다. 그래서 밥 시간 때가 아닐 때 자꾸 간식을 먹는다. 야식도 먹는다. 혼자 먹는 어진이가 외로울까 봐 옆을 지켜주다 보니 나는 이제 자주 많이 먹는 사람이 되었다. 그래서 슬프게도 나만 살이 찌게 되었다.

성격도 다르다. 어진이는 꼼꼼하고 기억력이 좋다. 나는 상대적인 게 아니라 절대적으로 덜렁대고 칠칠맞다. 흘리고, 넘어지고, 잃어버리고, 잊어버리고… 당사자인 나는 괜찮지만, 옆에서 보면 꽤 괴로울 수 있는 스타일이다. 얼마 전에는 식탁 위를 돌아다니는 참치(고양이)를 잡으려다가 팔로 컵을 쳐서 떨어뜨릴 뻔했다. 그걸로 끝났으면 좋았겠지만, 그걸 막으려다 다시 다른 쪽으로 컵을 쳐서 식탁 위를 물바다로 만들었다. 그때 우리 둘은 숨이 넘어갈 정도로 웃었다. 그런 말도 안 되는 순간에도 어진이가 함께 웃어줄 수 있는 사람이라 다행이다. 만약 이런 상황에 예민하게 반응하는 사람이었으면 진작 서로 지쳤으리라 생각된다. 이 덜렁거리는 문제는 쉽게 바뀌는 부분이 아닌지라. 이럴 때마다 박장대소하는 어진이에게 항상 감사하고 있다.

마다에서 살면서 어진이에게 정말 많이 의지하고 있다. 나보다 동생이지만, 세부적으로 일을 챙기고 직원들을 관리하는 부분은 이 친구가 훨씬 잘한다. 나는 크게 계획을 세우고 일의 방향을 정하는 편이라면, 어진이는 그걸 조목조목 메워주는 사람이다. 이곳에서는 그런 꼼꼼함이 훨씬 중요한 경우가 많다 보니, 나도 자연스럽게 많이 맡기고 의지하게 된다. 이런 부분도 사실 생각하는 방향이 다른 사람이었다면 서로의 생각을 맞추는데 시간이 걸렸을 텐데, 그런 것도 없이 몇 번의 방향을 잡는 과정 말고는 크게 다르게 생각한 부분이 없었다.

나는 운이 좋게도 잘 맞는 대화상대가 룸메이트이자 동업자이다. 그래서 하루에도 정말 많은 이야기를 나누는데, 그 대화의 격차가 큰 편이다. 방귀나 생리현상 같이 아주 원초적인 수준에서부터 계층과 이념, 신앙에 대한 심도있는 이야기까지 아우른다. 진지한 대화를 할 때면 갑자기 술 한잔 없이 2시간동안 앉아서 많은 내용을 나눈다. 대화를 하면서 깨닫기도 하고 위로 받기도 한다. 이 험난한 여정을 최고의 깔깔메이트와 함께 할 수 있어서 다행이다.

깔깔메이트 무병장수를 위한 프로젝트

하나

  기억 속 어진이는 어릴 적부터 약했다. 어진이가 초등학생이였을 때쯤인가. 갑자기 입술이 하얘지더니 어디론가 향하려다가 그대로 바닥에 쓰러지는 일이 있었다. 한 번이 아니라 종종 그랬고, 쓰러질 때마다 나는 겉으로는 내색하지 않았지만 크게 놀라곤 했다.

  마다에 와서 살면서도 몇 번 그런 순간들이 있었다. 갑자기 어지럽다고 하더니 식은땀을 흘리며 흰 토를 하고 드러 누운 적도 있다. 저번 프랑스 파리행 비행기 안에서도 비슷한 일이 있었다. 나는 헤드폰을 끼고 자고 있었는데, 갑자기 등골이 서늘해져서 눈을 떴더니 스튜어디스가 어진이에게 물과 설탕을 건네고 있었다. 어진이는 시야가 좁아지고 숨이 막히는 걸 느끼자마자 옆에 있는 내가 아니라 스튜어디스를 불렀다고 한다. 가장 위급한 순간에도 침착하게 도움을 요청하는 어진이를 보면 감탄스러우면서도 걱정된다. 아무래도 이게 약한 몸을 가진 사람의 생존 방식인걸까? 큰 병은 아니지만, 그렇다고 아무렇지 않게 넘길 일도 아니었다. 마다에는 병원이 제대로 갖춰져 있지 않다 보니, 쓰러지기라도 하면 걱정이 이만저만이 아니다. 한국이라면 15 퍼센트만큼 걱정할 상황도 여기선 60 퍼센트쯤 더 불안하게 다가온다.

마다의 의료 환경은 결코 안심할 수 있는 수준이 아니다. 외국에서 지낼 때마다 느끼지만, 한국의 의료 환경은 정말 좋은 편이다. 이곳에도 병원이 있긴 하지만, 진료의 질이나 위급 상황 대응 능력은 안심 되는 정도는 아니다. 수술이라도 하게 된다면 환자가 스스로 메스와 약을 준비해야 한다. 입원해도 병실 시트까지 본인이 챙겨야 한다. 현지인들조차 돈이 있는 사람은 프랑스나 다른 나라로 치료를 받으러 나가는 판국이다. 그렇지 못 한 사람들은 때로 단순한 병으로 목숨을 잃기도 한다. 웬만하면 아프지 않는 게 최선이다. 한국이라면 간단하게 동네 병원을 가면 될 일도 여기서는 한국을 가야 할지, 아니면 우리끼리 해결할 수 있는 문제인지 심각하게 고민하게 된다. 그렇기에 걱정이 더 커졌다.

최근에 어진이는 다시 알러지 증상이 도졌다. 부은 눈으로 나한테 "언니, 이것 봐"하면서 잘 떠지지도 않는 눈을 내밀었다. 저혈압과 빈혈은 물론 아토피와 알러지도 있다. 모두 꽤 심한 편인데, 하나같이 마다의 환경에서는 더 악화되기 쉬운 것들이다. 마다가스카르의 수돗물은 깨끗하지 않아서 어진이는 자주 팔 안쪽 피부가 아토피로 뒤집히고, 눈은 알러지로 부어오른다. 강철 피부인 나도 자주 피부 트러블이 일어나는 물 상태라, 어진이는 한층 더 예민하게 반응한다. 집에서 사용하는 물 필터는 일주일에 한 번씩 갈아줘야 할 정도로 금방 흙탕물이 되어버린다. 깨끗하게 쓰기 위해 자주 필터를 갈아줘야 한다.

 수질도 문제지만, 가장 큰 문제는 많이 걷지 못한다는 점이다. 대부분 차로 이동하고, 도로 사정이나 치안 문제 때문에 걸어 다니는 일은 거의 없다. 걷지 않으니 몸은 점점 굳는다. 한국에서는 주변 헬스장을 가볍게 오가며 운동하던 나도 헬스장 접근성이 떨어지다 보니 점점 운동을 미루게 된다. 눈에 띄게 근육이 빠졌다. 그냥 쉽게 오고 가며 운동을 할 수 있는 게 아니라 매번 의지를 다져야 한다. 운동을 하기 위해서는 더 큰 각오와 다짐이 필요해졌다.

 면역력을 위해 운동을 같이 열심히 하기로 마음을 먹었다. 운동이 처음인 어진이를 바로 헬스장으로 데려갈 수는 없으니, 집에서부터 시작했다. 집에서 아침마다 요가 매트를 깔고 스트레칭과 요가를 하다가, 나중엔 근력 운동도 했다. 필리핀에서 그래도 같이 했던 적이 있어서 잘 따라왔다. 아무래도 그때부터 '주어진 무병장수 프로젝트'를 진행하고 있었던 걸지도 모르겠다. 그리고 지금은 같이 헬스장도 다닌다. 다행히 어진이가 운동에 재미를 붙이기 시작하면서 원래는 움직이기를 싫어하던 애가 이제는 며칠 쉬면 몸이 뻐근하다는 말을 한다.

 즐기는 운동의 폭도 넓어졌다. 아예 수영을 못 했기 때문에 숨 쉬는 법부터 시작했는데 이제는 자유형과 평형까지 한다. 혼자 유튜브를 보면서 열심히 공부하더니 어느 새 쭉쭉 평형으로 코스를 돈다. 한참 둘 다 수영에 빠졌을 때는 여행을 갔다가 여행지에서 수영복을 사오기도 했다. 그래서 둘 다 수영 초보 치고는 꽤 많은 수영복을 가지고 있다. 작년(2024년)말부터는 새롭게 달리기에 흥미를 붙였다. 10분을 겨우 뛰던 수준이었는데, 이제는 30분을 쉬지 않고 뛸 수 있게 되었다. 좀 더 목표를 가지기 위해서 한국에 돌아가면 같이 10km 마라톤을 나가보기로 했다.

여행의 스타일

어진

 여지없이 꽉 막힌 도로 위에 갇혀서 양 옆으로 펼쳐진 논밭을 멍하니 바라보며 생각했다. 여행을 가야겠다고. 마다가스카르에서의 생활에 큰 불만이 있는 건 아니지만 가끔 이 평화로운 섬나라가 갑갑하게 느껴질 때가 있다. 갑자기 물이 끊겨서 샤워를 못하는 날이나 정전때문에 저녁 6시부터 컴컴한 방 안에서 마냥 전기가 돌아오기만을 기다릴 때면 더욱 그렇다. 실제로 언니와 나는 돌아다니지 않고 가만히 집에 있는 걸 즐기는 사람들인데도 불구하고, 마다가스카르에 온 이후로는 기분 전환을 위해 주기적으로 여행을 가고 있다.

 나는 여행을 가기 전부터 미리 맛집들을 찾아보고 계획을 세우는 걸 좋아하는 편이다. 그렇다고 몇날 몇시에 뭘 할건지 촘촘한 시간표를 짜서 그대로 지켜야만 직성이 풀리는 스타일은 아니고, 그냥 계획을 미리 짜는 행위 자체를 즐긴다. 구글 지도로 숙소 근처에 괜찮은 식당들을 찾고, 후기를 하나하나 읽어보고, 어느 카페가 아침에 가장 일찍 여는 지를 확인하는 식이다. 그러다보면 어느 새 구글 지도에는 숙소 중심으로 가볼만한 곳들이 빼곡하게 표시되어 있고, 낯선 여행지라도 이미 한 번 다녀온 것처럼 익숙한 느낌이 든다. 어쩌면 나의 여행은 그 순간부터 시작된다고 볼 수도 있겠다.

하나언니와 둘이 파리여행을 갔을 때도 마찬가지였다. 여행이 확정되자마자 나는 파리의 대중교통 이용방법이나 혹시라도 아플 경우에 현지에서 구매할 수 있는 증상별 추천 약품 등을 찾았고, 심지어 꼭 가보고 싶은 식당 몇군데는 어플을 통해 일찌감치 예약을 해두었다. 하나언니는 어땠냐고? 내가 호들갑을 떨며 여기는 꼭 가봐야 한다고 할 때마다 같이 맞장구를 치며 최선의 리액션을 해주고는, 가서 언니가 하던 일을 마저 했다. 둘 다 열심히 찾아보고 계획을 짜는 스타일이라면 하고 싶은 게 달라서 부딪힐 수도 있었을 텐데, 여행에서만큼은 줏대없이 모든 걸 다 좋다고 하는 '예스걸'이 되는 언니덕분에 애초에 싸울 만한 여지조차 없었다.

"오늘은 뭐 먹을까? 일식, 양식, 중식?"

여행 중에 가장 많이 하는 질문이다. 누구에게나 여행에는 각자의 우선순위가 있을 텐데, 우리에게 단연코 가장 중요한 건 맛있는 음식이다. 그 어떤 유명한 관광지나 신기한 볼거리보다도 에펠탑 근처 골목에서 파는 햄샌드위치가 우선인 것이다. 특히나 중간에 브레이크 타임이 길고 음식이 천천히 나오는 유럽에서는 최대한 대기시간을 줄이기 위해서 오픈 시간에 맞춰 가려고 노력하는 편이다. 우물쭈물거렸다간 저녁 8시가 넘어서야 간신히 식전빵을 받게 될 수도 있으니, 마음 급하고 배고픈 한국인으로서는 서두르는 수밖에 없다. 맛있는 음식에 대한 열정은 식재료가 제한적인 마다가스카르에 살면서 더욱 커졌다.

아쉽게도 음식을 향한 나의 커다란 애정을 따라오지 못하는 소박한 사이즈의 위장때문에 정작 열심히 수소문해서 찾아간 식당에서도 많이 먹지는 못한다. 메뉴판에 있는 메뉴들을 전부 시키기라도 할 듯이 전투적으로 나섰다가도, 몇 숟가락 먹고 나면 금세 배가 차서 숟가락을 내려놓는다. 한창 먹고 있는 하나언니를 기다리면서 나는 후식으로 먹을 디저트나 내일 갈만한 식당을 고른다. 아무래도 나는 실제로 어떤 행위를 할 때보다 미리 머릿속으로 상상하면서 찾는 과정을 더 즐기는 사람이 아닌가 싶다.

마다가스카르에서는 먹기 힘든 음식들을 양껏 먹고, 오랜만에 늦은 시간까지 환한 도시의 생활을 즐기다보면 어느 새 헛헛했던 마음이 채워져있다. 잠시 재충전의 시간을 가지고 든든해진 캐리어와 함께 다시 우리의 일상으로 돌아갈 준비를 한다. 일상이 있기에 여행이 즐겁고, 여행을 기다리면서 일상을 더욱 힘차게 살아갈 수 있는 거니까. 다음을 기약하며 낭만의 도시 파리를 뒤로 하고, 이제는 익숙해져버린 우리의 섬나라 마다가스카르로 돌아가는 비행기에 몸을 싣는다.

사람 2명, 강아지 1마리, 고양이 1마리

하나

앞으로 참치(고양이)와 마요(강아지)에 대한 온갖 주접을 부릴 예정이지만, 미리 밝혀두자면 어진이와 나는 원래 동물을 좋아하는 사람이 아니었다. 귀엽다며 소리치는 친구들 옆에서 우리는 늘 약간 어색하게 고개를 끄덕이며 반응하는 정도였다. 그러니까 지금 우리가 참치마요에게 쏟아붓는 찬사와 주접은 전부 이 아이들이 만들어낸 현상이다.

처음 마요를 데려오게 된 이유는 사실 '방범용'이었다. 여자들만 사는 집이다 보니, 주변에서 개를 키워보라는 말을 많이 해주셨다. 말라가시 사람들은 개를 무서워한다는 이야기도 들었고, 그때는 첫 번째 집에 살면서 치안에 대한 걱정이 있었던 터라 입양을 결심했다. 모든 걸 페이스북을 통해서 찾을 수 있는 이곳에서는 강아지도 페이스북을 통해 찾을 수 있었다. 이왕이면 마다가스카르의 토종견인 '꼬똥 드 툴레아'가 좋다고 생각해서 꼬똥을 검색했다. 그렇게 발견한 마요는 곱슬거리는 털, 처진 눈, 흰 털 사이 노란 얼룩을 가진 강아지였다. 순하고

착해 보이는 인상에 끌려 바로 데려왔다. 꼬똥은 원래 직모다. 마요는 곱슬이라 믹스가 아니냐는 얘기를 하시는데 마요는 믹스가 맞다. 원래 처음부터 꼽슬거리는 걸 알고 데려왔고, 이미 그때도 순종은 직모인 걸 알고 있었다. 그냥 귀여워서 데려온 거다. 페이스북에 올려진 사진에서 가장 좋았던 게 마요의 곱슬거리는 노란 털이었다. (구)애완동물 무심 인간인 나에게는 순종이냐 잡종이냐 하는 혈통 자체는 크게 중요한 조건이 아니었다. 그렇게 오게 된 마요는 지금 8kg을 훌쩍 넘긴 대왕 튼튼 강아지가 되었다. 뚱뚱이 아니니, 부디 말조심해주길 바란다. 큼직하고, 귀엽다. 정말이지, 커다란 꼽슬 강아지다.

강아지를 처음 키우다 보니 당연히 시행착오가 있었다. 새끼 강아지는 작고 귀엽지만 똥도 많이 싸고, 낑낑대기도 한다. 한번은 내가 마요 주둥이 옆 털을 싹둑 잘라준 적이 있는데, 그게 강아지를 못생기게 만드는 일이라는 걸 몰라서 했던 무시무시한 짓이었다. 강아지에서 '강아쥐'가 되어버린 마요의 얼굴에 한동안 마음속으로 살짝 거리를 두기도 했다. 아직 지금만큼 정을 못 붙이던 시절 우리는 장난처럼 '김마요'라는 별명을 붙였다. 나마요도, 주마요도 어색해서 말을 안 들을 때마다 "남의 집 개야"라는 의미에서 한국의 가장 흔한 성을 붙여 부른 그 이름이, 이제는 가장 사랑스러운 애칭이 되었다. 시간이 지나면서 마요는 말을 알아듣기 시작했고, 아침마다 좋아 죽겠다는 표정으로 우리를 반긴다. 내가 앉으면 옆에 와서 엉덩이를 기대고 앉아 자는 그 모습에, 그렇게 마음을 내주게 되었다. 우리를 그렇게 마요에게 '마며들게' 만들었다. 모르는 사람이 오면 다리에 힘을 가득 주고 경계태세를 갖추고, 우리가 없는 시간에는 대문으로 가서 코를 내밀고 지나가는 사람을 향해 왕왕 짖기도 한다. 막상 문을 열면 우리 뒤로 도망치지만 소리만큼은 세상 무서운 강아지가 된다.

어느날, 우리가 살던 두 번째 집 천장에서 이상한 소리가 들리기 시작했다. 도르르르… 도르르… 하는 소리에 처음에는 쥐인지 몰랐는데, 미국에서 살 때 기숙사에 쥐가 있었던 어진이가 이게 쥐 소리라고 알려줬다. 날이 더워지기 전에 쥐를 없애야 했던 우리는 주변사람들에게 방역 업체를 물어봤지만, 사람들은 고양이를 키우라고 조언해주었다. 그렇게 해서 '참치'가 왔다. 이름은 고민할 필요도 없이 정해져 있었다. 당연히 마요가 있으니 '참치'였다.

참치는 아주 어린 고양이 일 때부터 똥오줌을 잘 가렸다. 마요는 아직 똥오줌을 못 가릴 때였는데, 이 친구는 가르치지도 않았는데 알아서 모래에 가서 볼일을 봤다. 점점 커가면서 밥을 달라고 우리에게 정확하게 의사 표현을 하고, 엉덩이를 들이밀며 두드리라고 요구하는 참치가 너무 신기했다. 사실 시간이 지날수록 이 작은 고양이가 쥐를 잡을 수 있을까에 대해 의문이 있었다. 새침하고 자기 하고 싶은 것만 하는 애가 쥐를 잡기나 할지 하며 기대가 점점 없어졌었는데, 2번째 집에서 3번째 집으로 이사하는 날, 참치가 진짜 쥐를 물고 왔다. 그날의 충격은 아직도 생생하다. 사실 그때서야 우리는 참치가 진짜로 쥐를 잡아오는 걸 바라지는 않았다는 걸 알았다. 참치가 쥐를 가지고 놀고 있길래 울면서 떼어놓으려고 다가갔다. 그러자 참치가 내게 선물로 쥐를 주고 싶었는지 손으로 가지고 놀던 쥐를 물고 나에게로 다가왔다. 물론 나는 소리 지르며 도망갔다.

일이 고되고 마음이 지치는 날이 많은데, 참치마요를 본다고 모든 근심이 사라지는 건 아니지만 적어도 그 순간만큼은 걱정을 잠시 내려놓을 수 있다. 눈앞의 작고 따뜻한 생명체들을 바라보다 보면, 복잡했던 생각도 잠시 멈추게 된다. 그저 말없이 자기 엉덩이나 두드리라고 강요하는 참치 마요에게 집중하게 된다. 말도 안 되는 현실에 치인 외국인 노동자이자 대표에서 잠시 그냥 엉덩이 1000번을 두드려야 자유로워지는 사람이 된다. 그럴 때면 '귀여우면 됐지 뭘 더 바라세요'라는 밈이 생각난다. 정말 귀여움의 힘은 대단하다. 참치마요 덕분에 밑바닥까지 내려가던 기분을 붙잡고, 하루를 무사히 마무리할 수 있는 날들이 있다. 그냥, 따뜻한 털 덩어리를 만지며 엉덩이나 두드리는 단순한 사람이 된 나는 "그래, 그래도 하루가 이렇게 끝났으니 오늘의 실패를 너무 무겁게 들고 있진 말자"며 마음의 짐을 내려놓고 참치를 토닥토닥 두드린다.

우리 같이 애는 못 키우겠다

어진

"왜 부부들이 육아관이 다르면 싸우는 지 알겠어."

요즘 내가 언니한테 자주 하는 말이다. 자신을 제외하고는 사람이든 동물이든 공평하게 관심이 없었던 하나언니가 참치와 마요에게만큼은 껌뻑 죽는 소위 '극성맘'이 될 줄은 몰랐다. 언니의 핸드폰은 참치와 마요의 사진으로 넘쳐난다. 다급한 목소리로 불러서 나가보면 "너무 귀엽지 않니?"라며 내 눈에는 평소와 똑같이 생긴 마요를 들이민다. 하얀 백설기에 검은 콩 세 개를 박아놓은 것 같은 마요. 발바닥을 쪼물락거리고 꼬리를 만지면 싫어할 법도 하건만, 무던하고 순한 마요는 전혀 개의치 않고 언니 옆에 꼭 붙어서 낮잠을 잔다. 마요와 함께 살게 된 지도 벌써 1년이 지나간다. 손바닥 크기만 했던 작은 강아지는 어느덧 8kg을 향해 달려가고 있다. 마다가스카르의 '킴 카다시안'이라는 별명을 붙여줄 정도로 튼실한 엉덩이를 신나게 흔들며 산책하는 뒷모습을 보면 언제 저렇게 큰 건지 새삼 놀랍다. 요즘 들어 살이 좀 붙었나 싶어서 사료를 줄이자는 말을 슬쩍 꺼낼라 치면 기겁을 하는 사람이 있다.

"마요가 무슨 살이 쪄. 배가 홀쭉한 것 좀 봐라. 저게 살이 아니고 다 털이야. 털."

 어딘가 익숙한 멘트다. 털 때문에 커보이는 거라며 열띠게 마요를 변호하는 언니의 모습에서 다이어트한다는 손주를 막아서는 할머니의 모습이 묘하게 겹쳐보인다. '내겐 너무 가벼운 그녀'라는 영화 속 남자 주인공처럼 사랑의 콩깍지가 씌이면 상대가 마냥 홀쭉해보이는 게 틀림없다. 이제는 한 손으로 들기에 버거운 마요도 언니의 눈에는 여전히 작은 아기 강아지일 뿐이다. 언니는 배고프면 어떡하냐고 마요의 밥그릇 위에 소복하게 사료를 담아주고, 나는 살찌면 어떡하냐고 다시 사료를 덜어낸다. 사료는 딱 한컵씩만 주기로 했지만, 언니는 한번 주면 정이 없다며 꼭 한번 더 퍼준다. 내가 줄 때의 사료량과 언니가 줄 때의 사료량은 약 2배정도 차이가 난다.

 참치의 경우도 별반 다르지 않다. 고양이에 무지한 우리들은 잘 키워보겠다는 일념하에 수의사들 유투브를 찾아가며 미리 공부도 했었다. 사료는 얼마나 자주 줘야 하는지, 습식이 좋은지 건식이 좋은지, 손을 물려고 할 때는 어떻게 해야 하는 지 등등. 그 중에서도 분리수면을 하는 게 집사와 고양이에게 모두 좋다는 얘기를 듣고, 일찍부터 따로 자는 습관을 들이기로 했다. 하지만 말도 많고 자기주장도 확실한 참치는 우리가 방문을 닫고 들어가는 순간부터 '당장 문을 열라'며 하염없이 울기 시작했고, 마음 약한 언니는 그럴 때마다 슬쩍 방문을 열어주곤 했다.

"아니, 언니. 처음에는 울어도 좀 참아야 한다니까. 얘도 적응할 시간을 줘야지 자꾸 열어주면 어떡해."

"저렇게 우는데 어떻게 문을 안열어줘. 짠하잖아."

"언니는 안 울어도 열어주잖아."

묵묵부답. 그렇다. 언니는 고양이가 너무 조용해도 오히려 먼저 나가서 괜찮은 지 확인을 했고, 거실 소파에서 자려고 자리를 잡던 참치는 그 틈을 놓칠 새라 잽싸게 다시 언니의 침대로 파고들었다. 아무래도 분리수면이 어려운 건 언니 쪽인 것 같다. 그렇게 분리수면을 꿈꿨던 나의 야심찬 계획은 끝이 났고, 참치는 오늘도 행복하게 언니의 침대 위에서 자고 있다. 언니의 침대는 늘 민들레 홀씨같은 참치의 털로 뒤덮여있다. 이른 새벽부터 관심을 요구하며 칭얼거리는 참치때문에 잠에서 깬 언니의 괴로운 외침이 내 방까지 들려오기도 한다. 그럼에도 불구하고 언니는 이불 위에서 만족스럽게 그르릉거리는 참치의 모습을 보면 다시 마음이 사르르 녹나 보다.

"우리 애는 같이 못 키우겠다."

지금까지 함께 강아지와 고양이를 키우며 느낀 소감이다. 어차피 우리가 사람 아이를 같이 키울 일은 절대 없을 테니 다행이다. 아무리 다른 게 다 잘 맞아도 육아관이 이렇게나 다를 수가 있다니. 그래도 언니 덕분에 참치와 마요는 오늘도 든든하게 먹고 편안하게 자면서 최고의 반려동물 라이프를 즐기고 있다.

첫 번째 집, 두 번째 집, 세 번째 집

하나

　마다에 살면서 집이 편해야 삶의 질이 나아진다는 걸 많이 배웠다. 집의 상태에 따라 하루에 느껴야하는 최소한의 스트레스 레벨이 달라진다. 마다가스카르에서는 단수와 정전이 워낙 자주 일어나기 때문에 집에 따라 삶의 기본이 흔들린다. 아침에 눈을 떴을 때 물탱크가 고장나있거나, 수도관에서 물이 새는 일도 자주 있었다. 샤워를 하려다 물이 끊기거나, 전기없이 하루를 보내야 하는 날들이 반복되면 사소한 불편이 아니라 정말 큰 스트레스가 된다. 그래서 우리는 살던 집 보다 더 나은 집을 찾기 위해 멀쩡한 집을 찾는 일에 많은 에너지를 쏟았다. 총 3개의 집을 거쳐갔고 한 단계 한 단계 레벨업하며 지금 살고 있는 집으로 오게 되었다.

　첫 번째 집은 아는 현지인의 소개로 들어갔던 집이었다. 마다에 도착하자마자 부동산 투어를 할 필요없이 들어갈 수 있었기에 감사했지만, 가격이나 집 구조, 위치 면에서 모두 아쉬움이 컸다. 집 앞 풍경 하나만큼은 정말 멋졌다. 정면이 탁트여 논밭을 내려다 볼 수 있었고 건너편에 있는 집들이 그림같았다. 그게 다였다. 이 집은 길의 끝에 있는 집이었기에 골목 골목을 한참 돌아서 들어가야 했다. 흙길이라 차가 들어갔다 나오기만 하면 밑이 다 긁혔다. 초반에는 도와주신 분들께 식사라도 대접하고자 집으로 초대했었는데, 나중에는 차에 무리가 간다는 걸 알고 그만뒀다. 차를 고치기도 힘든 이곳에서 험한 길을 넘어와야 하는 우리집에 초대하는 게 오히려 감사한 분들에게 무례를 범하는 격이었다. 하하. 이 집에는 이미 기본적인 몇가지 가구가 갖추어져 있었기 때문에 급하게 살 필요가 없어서 좋긴 했다. 대부분 상태가 양호해서 사용하기에 큰 문제가 없었지만, 침대 매트리스만큼은 적응하는 데까지 꽤 걸렸다. 스펀지로 된 매트리스가 너무 약해서 내가 누웠던 자리 그대로 강하게 흔적이 남았기 때문이다. 나중에는 엉덩이 부분만 움푹 파여서 위치를 바꿔 자도 자꾸만 파인 위치로 다시 굴러가게 됐었다.

두 번째 집은 공항 근처에 있는 마당이 딸린 단독주택이었다. 당시에 함께 살던 분이 있었기에 좀 더 공간에 여유가 있는 곳으로 이사갔었다. 오랫동안 찾아다녔지만 마음에 드는 집이 좀처럼 나오지 않다가 아는 선교사님을 통해 갑자기 소개받게 된 집이었다. 구조도 괜찮았고 마당도 있어서 한동안은 만족스럽게 지낼 수 있었다. 하얀 집이라서 이것저것 새로운 가구들도 사고 나름 채워넣는 재미가 있던 집이었다. 주변에 한인 선교사님 댁이 두 곳이나 있어서 도움을 구할 곳이 가까워 좋았다. 컴파운드 안에 있는 집이라 산책도 할 수 있었다. 사람들도 자주 초대했다. 이웃들을 초대하기도 하고, 사업차 미팅을 한 분들도 성사가 안되더라도 집으로 한번씩 초대했다. 마당이 워낙 넓어서 다양한 작물을 심기도 했다. 대신, 마당이 있어서일까? 쥐도 많았다. 집 수리에 들어간 비용도 상당했다. 물탱크를 교체하고 수도관 수리를 몇 차례 반복했다. 너무 자주 수리를 하다보니, 나중에는 수도관에서 물이 샌다는 얘기만 들어도 드러눕고 싶던 시기가 있었다. 어진이 방은 집의 구조적인 문제때문에 곰팡이에 심하게 노출되어 결국 내 방에서 함께 자야 했다. 도시 중심과의 거리가 멀고, 자주 중심지로 나가야 했던 우리가 이동시간만으로 하루에 3-4시간을 허비하는 날들이 많아지면서 결국 다시 집을 알아보기로 했다.

세 번째 집이 지금 우리가 살고 있는 집이다. 이번에는 오피스와 생활 공간을 분리해야 했기 때문에 조건이 더 까다로웠고, 보러 다닌 집만 무려 35군데가 넘었다. 그렇게 부동산을 통해서 많은 곳을 보러 다녔지만 결국 이곳은 또 다른 선교사님의 소개로 알게 되었다. 일본 대사관과 프랑스 관저 옆이라 정말 안전하고 지금까지 살아본 집 중 전기와 물 사정이 가장 안정적인 곳이다. 치안도 좋고, 동네 자체가 한적하고 조용하다. 덕분에 자주 근처를 산책한다. 도심에 있어 어딜 가든 그렇게 오래 걸리지도 않는다. 오피스도 차로 5분 거리, 걸어도 20분 이내로 이동할 수 있어서 훨씬 효율적인 생활이 가능해졌다. 차에서 시간을 덜 보내자 시간적 여유가 생겼다. 처음 이사 왔을 때는 시간이 너무 남으니까 이상해서 어진이랑 어리둥절해하기도 했다.

주변 선교사님들의 도움 덕분에 점점 좋은 집으로 이사 할 수 있었다. 항상 감사하게 생각한다. 운명처럼 빈자리를 내어준 전 세입자들에게도, 그 자리에 우리가 들어올 수 있었던 모든 우연과 인연에도 감사한다. 지금 살고 있는 집 덕분에 이전보다 삶의 질이 눈에 띄게 높아졌다. 예전에는 집에 들어오면 늘 문제가 기다리고 있어서 기본적인 스트레스가 매일 있었는데, 지금은 아파트내 시설 관리팀이 따로 있어서 무슨 문제가 생겨도 곧바로 해결해 준다.

사실 처음 이 집에 들어왔을 때, 세탁기가 고장 나 있었고, 온수기도 한번 터졌었다. 그래서 "그래, 여기도 삶이 비슷하겠다" 하고 머리를 붙잡았는데, 관리자에게 연락하자마자 시설팀이 바로 와서 문제를 처리해주고 새 기계로 교체까지 해주었다. 덕분에 아무 걱정 없이 만족하며 살고 있다. 그 전에 두 집이 있었기에 더더욱, 지금 이곳에서의 생활에 매일 감사하며 살고 있다. 이제 이쯤에서 그만 집 자랑을 끝내보겠다.

우리 다시는 이사가지 말자

어진

어쩌다보니 살면서 한번도 이삿짐 트럭까지 동원할 정도의 '이사다운 이사'를 해본 적이 없었다. 그나마 가장 비슷한 경험이라면 기숙사에서 새롭게 배정 받은 방으로 짐을 옮기거나, 같은 아파트 내에서 층만 이동하는 정도였달까. 그랬던 내가 생애 첫 본격적인 이사를 마다가스카르에서, 그것도 일년 사이에 두번씩이나 하게 될 줄은 몰랐다는 말이다. 첫번째 이사는 마다가스카르에 온 지 반년 정도가 지났을 무렵, 단기로 렌트했던 숙소에서 좀 더 도시와 가까운 주택으로 옮기는 것이었다. 처음부터 이사를 염두해 두고 있었기 때문에 부피를 키우지 않기 위한 노력의 결과로 다행히도 짐이 비교적 적었다. 덕분에 작은 용달차 하나를 불러서 두어번만 왔다갔다 하며 이사를 끝마칠 수 있었다.

두번째 이사는 조금 더 고난이도였다. 이미 가구며 살림살이가 많이 늘어난 상태라 용달차로는 어림도 없었기에 일찌감치 2톤 트럭을 예약해두었다. 첫번째 이사때 포장을 제대로 하지 않아서 가구가 여기저기 긁혀왔던 걸 교훈삼아 이번에는 꼼꼼하게 제대로 포장을 하기로 마음 먹었다. 그마저도 공산품이 유독 비싼 마다가스카르에서 한번 쓰고 버릴 포장재에 많은 돈을 쓰기는 아까웠고, 집에 모아두었던 박스나 쇼핑백들을 십분 재활용했다. 당연히 트럭을 알아보는 일부터 가구를 싸는 일까지 모든 과정은 철저하게 '셀프'였다. 그렇게 이사를 2주 앞둔 순간부터 우리는 끝없는 포장의 지옥에 빠져버렸다. 더러워질 수 있는 소파에는 비닐을 두르고, 긁힐 만한 물건들은 박스나 뽁뽁이로 덮고, 깨질만한 유리나 그릇들은 수건으로 감쌌다. 분명 많이 한 것 같은데; 해도해도 티가 안나고 돌아보면 그대로였다. 둘다 한번 꽂히면 끝을 봐야하는 성격이라 시작했다하면 밤 늦게까지 이사준비로 여념이 없었다. 몸은 힘든데도 손은 멈추지 않고 계속 움직였다.

간신히 이사날짜에 맞춰 짐정리를 다 끝내기는 했는데, 문제는 지금부터 시작이었다. 지프차 위에 침대 매트리스를 얹고 이삿짐 트럭을 따라가던 중, 사건이 터졌다. 고정해뒀던 끈이 끊어지면서 도로 옆 논밭으로 매트리스가 훌렁, 날아가버렸다. 만약 논밭이 아니라 도로 위로 떨어졌으면 자칫 더 큰 사고로 이어질 수도 있었을 텐데 십년감수한 상황이었다. 이만해서 다행이긴 했지만, 때마침 풀을 뜯던 소 옆에 가지런히 놓인 매트리스를 본 순간 머리가 지끈거리는 건 어쩔 수 없었다. 저걸 내가 어떻게 포장해서 가져온건데. 우선 드라이버의 도움을 받아 여분의 끈으로 다시 매트리스를 올려 고정하고, 비상등을 켠 채 아주 천천히 움직였다. 그날따라 날씨도 도와주질 않는 탓에 유난히 강한 바람때문에 매트리스가 들썩거릴 때마다 나의 마음도 같이 움찔거렸다. 심지어 어디선가 은근슬쩍 먹구름이 몰려오더니 비도 한두방울씩 떨어지기 시작해서 신경이 잔뜩 곤두선 상태였다. 다행히 비가 쏟아지기 직전에 새 집에 도착할 수 있었고, 비닐로 꼼꼼하게 감싼 매트리스도 무사했다. 공들여 포장한 노력이 빛을 발했던 순간이었다.

그 와중에 우리보다 앞서가던 이삿짐 트럭이 골목길을 지나다가 이웃집 전깃줄을 끊어먹었다는 소식이 들려왔다. 전봇대에 느슨하게 늘어져있던 전깃줄이 높은 트럭에 걸려 그대로 뚝, 끊겨버린 것이다. 당연히 이웃집 주인은 우리에게 길길이 뛰며 화를 내고, 우리는 우리대로 억울할 뿐이고. 그래도 어떻게 하겠나. 문제가 있을 경우에 트럭 운전사와 책임을 분담하기로 하고 연락처를 건네주었다. 그 뒤로도 냉장고가 문 너비보다 커서 부엌에 안 들어간다거나, 입주하자마자 보일러가 고장나서 물이 새는 등의 자잘한 문제들이 계속되긴 했지만 차근차근 하나씩 해결하다보니 길고 험난했던 입주도 끝이 났다.

조금씩 더 나은 조건의 집으로 옮길 때마다 마치 게임 속에서 레벨업을 하는 기분이다. 이번에는 집 근처에 사무실을 얻어서 집과 사무실을 분리하기도 했다. 점차 바빠질수록 희미해지는 일과 삶의 경계를 다시 바로 긋기 위한 결정이었다. 시간이 지날 수록 현지의 상황뿐만 아니라 우리에게 필요한 조건들도 더 잘 알게 되면서 안정적인 주거 환경을 찾아가고 있다. 예를 들어, 여자 둘이 사는 만큼 '안전'은 절대 양보할 수 없는 조건이다. 아직 입주한 지 얼마 되지 않았지만 감히 말해보자면, 양 옆으로 일본 대사관과 프랑스 관저를 끼고 있는 이번 아파트야말로 우리가 찾던 조건들에 가장 부합하는 곳이라고 할 수 있다. 도시 중심과 가까우면서도 안전하고, 물과 전기도 다른 지역에 비하면 자주 끊기는 편은 아니다. 심지어 너그러운 집주인 덕분에 훌륭한 위치나 시설에 비해 가격도 합리적이다.

   그래서 마지막으로 하고 싶은 말이 뭐냐면, 우리 앞으로 다시는 이사가지 말자고.

3. 마다가스카르 생활기

모기보다 독하고 바퀴벌레보다 끈질긴 그놈

어진

  한국에 '빈대'가 있고 유럽에 '베드버그'가 있다면 마다가스카르에는 '빠라시'라고 불리는 악명높은 벌레가 있다.

  마치 꼭 거쳐야 하는 신고식처럼 마다가스카르에 온 사람들이라면 빠라시에 물린 자국쯤은 하나씩 가지고 있다. 우리도 당연한 안부인사처럼 "아직 빠라시에 물린 적은 없냐"는 질문을 자주 받았었다. 빠라시는 배와 옆구리를 집중적으로 공략하고, 한번만 물고 끝나는 게 아니라 한 곳을 중심으로 세네군데씩 여러번 문다는 특징이 있다. 나중에 찾아보니 근처를 옮겨가며 더 빨리 더 많은 피를 빨아먹기 위한 방법이라고 한다. 모기에 물린 자국은 처음에는 부어 올랐다가도 금세 사라지는 반면, 빠라시에 물린 곳은 미친 듯이 가려울 뿐만 아니라 시간이 지나도 붉은 반점이 오래 남는다. 좁쌀만하다고 무시했다가 잘못 걸리면 큰 코 다친다. 이 녀석은 모기보다 독하고 바퀴벌레보다 끈질기다.

  하나언니는 나보다 몸에 열이 많고 벌레들이 좋아하는 달달한 피의 소유자이다. 똑같은 환경에 같이 있어도 신기할 정도로 언니만 모기에 물린다. 빠라시라고 다를 게 없었다. 마다가스카르에 온 지 얼마 되지 않은 어느 날, 언니는 잔뜩 울상이 된 채로 나에게 붉은 반점으로 얼룩진 옆구리를 보여주었다. 옆구리뿐만 아니라 팔다리에도 촘촘하게 물린 자국이 가득했다. 보통 빠라시는 몸통 위주로 문다고 했는데, 하나언니는 팔다리까지 풀코스로 특별대우를 받았다. 비상모드에 걸린 우리는 우선 당장 옷을 다 빨고, 이불을 걷어 햇볕에 널고, 알코올과 진드기 스프레이를 집안 곳곳에 뿌렸다. 빠라시에 물렸다면 옷이나 이불은 곧바로 전부 세탁하고 햇빛소독을 시켜야 한다. 이대로 끝이 났으면 좋았겠지만, 며칠 후 나의 옆구리에도 누가봐도 빠라시가 남기고 간 자국이 분명한 붉은 반점 세 개가 콕,콕,콕 찍혀있었다. 오늘은 3개였던 게 내일은 6개가 되더니 그 다음 날은 배와 등까지 전체적으로 반점이 생겼다. 마치 별자리가 수놓인 것 같았다. 단, 미칠듯이 간지럽다는 점만 빼면. 빠라시에 물린 곳에는 버물리도, 십자모양 손톱자국도 소용이 없다.

이 악명높은 벌레는 그 이후로도 한동안 우리를 괴롭혔다. 마당이 있는 집에 살던 시절이라 아무리 집안을 소독하겠다며 난리를 쳐도 집 안팎을 자유롭게 오가는 강아지가 있는 한, 빠라시는 손쉽게 다시 돌아왔다. 시장에 가거나, 외부차량을 타거나, 지방숙소에 묵게 되는 경우에도 우리가 모르는 사이에 빠라시를 데려올 때가 있었다. 사방이 '빠라시 위험지대'였다. 끈질기게 우리를 괴롭히던 녀석은 이사를 하고 시간이 지나며 어느 순간 자연스럽게 사라졌다.

당시에 몸통 쪽에만 집중적으로 물려서 옷을 입으면 티가 나지 않던 나와는 달리, 보이는 부위에도 잔뜩 물린 하나언니는 어딜가나 눈에 띄었다. 간지러움을 참지 못하고 긁어서 생긴 상처까지 더해져서 더욱 화려해진 팔다리는 한동안 주변 사람들의 주목을 받으며 대화주제에 올랐다. "아가씨 몸에 흉이 져서 어떡하냐"며 혀를 끌끌, 차고는 짠한 눈빛으로 바라보는 게 수순이었다. 마다가스카르에서 10년 넘게 사신 분들도 그렇게까지 심하게 물린 경우는 많지 않다던데, 하나언니는 온 지 몇 개월차에 가뿐히 '빠라시에 가장 많이 물린 한국인'이라는 기록을 갱신했다. 지금 이 글을 쓰고 있는 시점에도 언니의 팔다리에는 흉이 남아있다. 간지러우면 긁어야 직성이 풀리고, 상처 위에 딱지가 앉으면 꼭 뜯어야 속이 시원한 성격때문에 상처가 아물 틈이 없었던 탓이다.

이제 다행히 빠라시와는 작별을 했지만, 하나언니는 새롭게 모기와의 전쟁을 시작했다. 모기향에 질색을 하던 언니가 고집을 꺾고 독한 모기향까지 피우고 있지만, 모기들은 매번 귀신같이 언니에게만 몰려든다. 아무리 열심히 벌레 퇴치 스프레이를 뿌려도 마찬가지이다. 어쩌자고 모기의 취향을 저격해버린 건지. 언니에게는 농담삼아 "그러니까 잘 좀 씻으라"고 했지만, 이정도로 모든 벌레들의 러브콜을 받을 정도라면 정말 '피 맛'이 다른 것일 수도 있겠다. 마다가스카르에서의 삶은 매일이 전쟁이다. 상대는 빠라시, 모기, 아니면 또 다른 무언가. 달달한 피를 가진 사람에게는 너무 가혹한 나라가 아닌가 싶다.

마다가스카르 계절

하나

마다가스카르에는 한국처럼 뚜렷한 사계절은 없다. 여긴 건기와 우기로 나누어져 있고, 추운 시기와 더운 시기가 있다. 이곳의 계절은 한국과 반대로 흐른다. 한마디로 한국이 겨울일 때 이곳은 더운시기이고, 한국이 여름일 때 여기는 추운시기가 된다. 지내고 있는 수도 안타나나리보는 마다의 다른 지역보다 해발고도가 높다. 그래서 다른 마다 지역보다는 낮은 기온에서 지냈다.

더운 시기는 대략 12월에서 3월까지이다. 비도 자주 오고, 습도도 높다. 무엇보다 해가 강하다. 한국에서 한파 뉴스와 첫 눈 사진이 올라올 때, 여긴 햇볕이 피부를 태우는 정도를 넘어 눈을 못 뜨게 한다. 그래서 외출할 땐 선크림과 선글라스를 필수로 챙겨줘야 한다. 자외선이 강해서 팔에도 기미가 올라왔다. 비도 많이 오는 시기인데, 너무 많이 올 때는 나무가 쓰러지기도 한다. 우리가 첫 번째 집에 살던 시기에 한번은 엄청나게 많은 비가 왔었다. 지붕에서 샌 비가 벽을 타고 줄줄 흐르고, 창문에 배수 구멍이 없어서 빗물이 집안으로 들어왔다. 문으로도 물이 들이쳤다. 대걸레로 물을 걷어내고 수건으로 문틈을 막고 비가 그치길 기다렸다. 거실은 결국 물바다가 되었다. 정전된 상태에서 촛불에 의지해 들이치는 비를 닦아내는 건 유쾌한 경험은 아니었다. 주변 분들은 마다가스카르의 새로 지은 집들은 비가 새는지 안 새는지 처음 그곳에 사는 사람이 직접 확인해야 한다는 우스갯소리를 해주셨다.

4월에서 5월은 선선한 가을 같은 시기이다. 바람도 선선하고, 습도도 좀 낮아진다. 아침, 저녁은 쌀쌀해서 겉옷을 챙겨입는다. 개인적으로 이 시기를 가장 좋아하기 때문에 여행을 오고 싶어 하는 사람에게 이때를 많이 추천한다. 날씨도 좋고 비록 망고는 없지만, 잘 익은 홍시를 먹을 수 있다. 해도 강하지 않아서 돌아다니기도 좋다. 햇볕을 느끼는 걸 좋아한다면 바닷가로 가도 좋을 날씨다.

6월에서 9월이면 정말 추워진다. 아프리카에서 패딩을 입는다고 하면 비웃겠지만, 아침저녁으로는 패딩이 필요했다. 그래도 낮에는 해가 있어 따뜻한 편이다. 한국처럼 보일러가 있지 않기 때문에 집안이 오히려 더 싸늘한 편이다. 첫 해는 너무 추워서 아침마다 따뜻한 물을 끓여 마셨다. 그때는 이렇게 추워진다는 걸 몰라서 두꺼운 옷도 준비하지 못했다. 그래서 따뜻하게 입는다고 해도 한계가 있었다.

빌라에는 거의 벽난로가 있는데, 2번째 집에서 살 때는 이 벽난로를 매일 같이 사용했다. 처음 벽난로에 불을 붙일 땐, 나무 타는 냄새, 그리고 일렁이는 불꽃이 너무 낭만적이었던 기억이 있다. 크리스마스는 아니었지만, 캐럴도 틀어놓고 따뜻한 음료를 들고 소파에 앉아 그 분위기를 만끽했다. 벽난로는 낭만적이긴 하지만 효율적이진 않다. 나무를 생각보다 많이 넣어줘야 불이 유지되고, 벽난로 주변만 따뜻해질 뿐 집 전체를 훈훈하게 만들진 못한다. 방으로 들어가 전기장판을 켜고 누워있는 게 훨씬 따뜻했다. 그래도 벽난로를 쓸 때 느낄 수 있는 그 분위기를 좋아했다. 최근 이사를 오면서 벽난로가 없어졌다. 벽난로만이 주는 감성이 가끔 그립다.

10월에서 11월은 다시 슬슬 날이 풀린다. 덥다고 하기도, 시원하다고 하기도 모호한 날씨가 된다. 그래도 추운 날씨를 겪어서인지 그렇게 피해 다니던 햇살이 반갑다. 이 시기에 날이 좋아 소풍, 야외활동을 많이 한다. 벚꽃과 비슷하게 생긴 자카란다 나무가 보랏빛 꽃을 피우는 시기인데, 안타나나리보 시내 곳곳이 보랏빛 꽃길로 물든다.

한국처럼 낙엽이 지고 눈이 내리는 극적인 계절 변화는 없지만, 이곳에도 나름의 시간의 흐름이 있다. 마다가스카르에 처음 왔을 때는, 계절이 바뀌는 것조차 예상하지 못한 사건이었다. 비가 얼마나 오는지, 얼마나 더운지, 얼마나 추운지 전혀 가늠할 수 없어서 그저 몸으로 받아내며 익숙해지기를 기다렸다. 그래서 쌀쌀해진 날씨에 얇은 옷만 여러 겹 입고 벌벌 떤 적도 있었고, 우기에 얼마나 비가 많이 오는지 모르고 쓰러진 나무에 놀라기도 했다. 그래도 계절은 반복되기에 흐름을 읽을 수 있게 되었다. 요즘은 5월쯤이면 전기장판을 꺼내고, 10월에는 두꺼운 옷을 정리한다. 완벽하게 알지 못해도, 이제는 조금 일찍 움직일 수 있게 됐었다. 적응한다는 건, 조금 더 빠르게 반응할 수 있는 사람이 된다는 걸지도 모르겠다.

우리집에 귀신이 있다고?

어진

아직 사무실을 구하기 전이라 집에서 스태프들과 함께 일을 하던 당시의 일이다. 전반적인 소통을 도와주는 어시스턴트였던 티나와 산드라가 어느 날 진지한 얼굴로 우리와 이야기를 하고 싶다고 했다. 혹시 그만두려고 그러나. 스태프들 사이에 무슨 문제가 있는 건가. 순식간에 여러가지 생각들이 빠르게 스쳐지나갔지만, 애써 태연한 얼굴로 그러자고 했다. 그런데 둘이 서로 묘한 눈빛을 주고 받고 우물쭈물하더니, 집 말고 밖에 나가서 이야기해도 되냐고 다시 묻는 것이다. 아, 진짜 무슨 일이 생기긴 생겼구나. 초보사장의 콩닥거리는 마음을 감추고 편안하게 대화할 수 있는 근처 카페로 향했다.

자리에 앉아 맛없고 비싼 커피를 한모금 마셨다. 본론으로 들어가기 전부터 내 머릿속은 이미 분주하게 돌아가고 있었다. 갑자기 그만둔다고 하면 곤란한데. 월급을 올려준다고 해볼까. 곧 사무실도 구할텐데 조금만 기다려줄 순 없냐고 잡아볼까. 새로운 어시스턴트를 어디에서 구하지 등등… 티나와 산드라는 당장에 아주 사소한 일들부터 중요한 은행업무까지 전부 맡고 있는 상태여서 혹시 모를 최악의 상황을 상상하며 마음이 쪼그라들었다.

"저 집에 귀신이 있는 것 같아."

산드라의 입에서 나온 말은 충격적이긴 했지만, 내가 걱정했던 방향은 아니였다. 우리집에 귀신이 있다고? 너무 뜬금없는 말이라 앞선 걱정이 무색해지면서 웃음이 삐져 나올뻔했지만, 마주보고 있는 티나와 산드라의 표정이 심각해서 꾹 참을 수밖에 없었다.

"그게 무슨 말이야? "

"말 그대로 너네집에 귀신이 사는 것 같아. 가끔씩 마당에 뿌연 형태가 보이기도 하고, 다른 곳들보다 유난히 집 안이 썰렁해. 허공에 대고 마요가 열심히 짖을 때가 있는데, 아마 귀신을 보고 그러는 것 같아. 최근에 네 방에 생긴 곰팡이도 귀신 때문일거야."

쉴새없이 이어지는 여러가지 증거들을 들으며 웃어야 할지 울어야 할지 감이 잡히지 않았다. 지금 우리를 놀리는 건가 싶기도 했지만, 저토록 걱정어린 눈빛을 하고 싱거운 장난을 칠 리 없다. 가끔씩 보인다는 마당의 뿌연 형태는 아마 아지랑이일 테고, 우리집이 서늘한 건 테라스의 차양막 덕분이다. 마요는 개니까 원래 짖는 게 당연하고, 방의 곰팡이는 귀신이 아니라 고질적인 습기가 원인이다.

처음 겪어보는 상황에 어떻게 반응을 해야 할지 몰라서 고심 끝에 우리가 던진 질문은, "그래서 귀신 때문에 일을 못하겠다는 뜻이야?"였다. 티나와 산드라는 기겁을 하며 그건 아니라고, 같이 오래 일을 하고 싶은데 귀신이 우리에게 해코지를 할까봐 걱정되서 알려준 것일 뿐이라며 손사래를 쳤다. 그렇다면 다행이다. 우리는 귀신보다 당장 필요한 직원들의 퇴사가 더 두렵다. 걱정해줘서 고맙지만 우리는 귀신을 무서워하지 않으니 괜찮다고 안심을 시킨 후, 달달한 빵을 하나씩 나눠먹는 것으로 그날의 귀신 소동은 마무리되었다.

대학원 과정까지 수료한 엘리트라고 볼 수 있는 직원들까지도 진지하게 귀신의 존재를 믿을 정도로 마다가스카르에는 여전히 미신 문화가 강하다. 많은 사람들이 아프면 의사 대신 점술가를 찾아가고, 우리가 듣기에는 말도 안되는 루머를 사실인 것처럼 곧이 곧대로 믿는 경우가 많다. 가장 어이없었던 소문 중 하나는 어떤 지역에 가면 밤마다 늑대인간으로 변한 마을사람들이 돌아다닌다는 말이었다. 문제는 이런 이야기들이 재미있는 전설정도로 여겨지는 게 아니라, 실제로 사람들을 공포에 떨게 만든다는 점이다. 아, 직원들이 꼭 집밖에서 이야기를 해야 한다고 고집했던 이유도 혹여나 귀신이 듣고 해코지를 할까봐서였다. 만에 하나 이들의 말이 사실이라면, 무단거주는 이쯤 하고 월세나 좀 내줬으면 한다.

음식으로 배우는 마다가스카르

하나

마다가스카르 사람들은 다른 아프리카지역과 다르게 쌀을 먹는다. 말라가시들은 밥, 그러니까 쌀을 엄청 많이 먹는다. 한국의 밥 한 공기의 세 배쯤 되는 양을 기본으로 먹는다. 현지 사람들이 먹는 일반적인 식사를 보면 산더미처럼 쌓인 밥과 반찬 조금을 먹는다. 그래서 반찬은 대체로 간이 세다. 아예 소금을 뿌려 먹는 경우도 봤다.

말라가시어로 반찬을 로까(Laoka)라고 한다. 종류가 꽤 다양하다. 카사바 잎을 으깨서 고기와 조린 라비뚜뚜(Ravitoto)도 있고, 양파, 당근, 토마토, 라임 등을 잘게 썰어 상큼하게 무쳐낸 라싸리(Lasary)도 있다. 그중에서 내가 좋아하는 건 콩에 고기를 곁들여 요리한 짜라마수(Tsaramaso)이다. 넓적한 콩을 푹 익혀 수프처럼 만든다. 고소하고 맛이 좋다. 콩을 좋아하지 않는데도 이게 제일 맛있다고 생각한다. 루마자바(Romazava)라는 국물 요리도 있다. 해안가에서 먹으면 해산물이 들어간 루마자바를 먹을 수 있는데, 해산물 스튜처럼 뜨끈해서 맛있다. 바베큐 꼬치 요리인 마스끼따(Masikita)도 있는데, 길거리에서 많이 판다.

길거리 음식 중 가장 유명한 건 무푸가시(Mofo gasy)이다. 한국의 술빵 같은 느낌으로 쌀가루 반죽을 발효시켜 구운 빵이다. 짠맛도 있고 단맛도 있는데, 개인적으로 단맛 무푸가시를 더 좋아한다. 무푸볼(Mofo boly)은 스콘을 튀긴 맛이 난다. 메나켈리(Menakely)는 밀가루 반죽을 고리처럼 만들어서 기름에 튀긴 건데, 둘 다 따뜻할 때 먹으면 맛있다. 현지사람들은 주로 아침에 많이 먹는다고 한다. 커피랑 같이 파는데, 커피에 설탕을 엄청나게 넣는다. 달달한 커피와 무푸가시를 먹으면 아침부터 정신이 번쩍 들 것 같다. 무푸가시는 꼭 먹어봤으면 좋겠다. 사서 숙소에서 먹는 것보다 가서 커피도 마시면서 무푸가시를 먹어보는 걸 추천한다. 마다의 길거리 분위기도 느끼고 아무래도 기름에 튀긴 음식이다 보니 따뜻할 때 먹는 게 맛있다.

말라가시 식사 문화 중 흥미로웠던 게 몇 가지 있다. 현지 친구에게 들은 내용인데. 한 사람에게 들은 내용이니, 보편적인 내용이 아닐 수 도 있다. 식사하는 자리에 외부인이 있으면 "마나 사~ (manasa)" 하고 얘기한다고 한다. 뜻은 "함께 하자"라는 뜻이다. 그래서 모르는 사람과도 같이 식사하는 게 문화인가보다 했는데. 알고 보니 실제로는 같이 먹자는 뜻이 아니라, 그냥 인사라고 한다. 그래서 보통은 상대가 정중히 사양하는 게 예의라고 한다. 한국에서 "언제 밥 한번 먹어요"라고 하면 정말 밥을 먹자는 말이 아닐 때가 있듯이 말이다. 그런가 하면, 또 하나 재밌는 풍습도 있다. 식사 자리에서 음식이 하나 남을 때, 그 마지막 한 조각은 아무도 손을 대지 않는다고 한다. 한국에서는 마지막 조각을 먹으면 살찐다고 하기도 하고 남기는 게 예의라고 해서 남기기도 하는데, 여기서는 그 마지막 한입을 먹으면 '그 해 마지막 달에 결혼한다'는 미신이 있다고 한다. 그래서 사람들이 마지막 조각은 되려 상대에게 진심 반, 장난 반으로 권한다고 한다.

가끔 초대를 받아 함께 식사하는 자리에서는 늘 많은 걸 배운다. 함께 식사를 하면서 마다가스카르 문화도 자연스럽게 접할 수 있고, 함께 식사를 하는 사람에 대해 알아가기 좋다. 평소 대화에서는 나오지 않던 이야기들이 식사 자리에서는 자연스럽게 흘러나온다. 실없이 나누는 웃음 속에서 예상치 못한 모습들이 드러나기도 한다.

현지에서 초대를 받는 일은 흔하지 않다. 오히려 내가 초대하는 경우가 많아, 말라가시 음식문화에 대해 아직 모르는 게 많다. 마지막으로 초대를 받은 건 회사 일로 출장 갔을 때였다. 생산지와 상품 상태를 확인하려고 험한 길을 따라 장거리 이동을 해서 피곤하고 지쳐 있었다. 길 만큼이나 마음도 울퉁불퉁해져 깐깐하게 점검하고 돌아가야지 생각하고 있었다. 그런데 담당자와 지역을 관리하시던 부부가 뜻밖에도 우리를 식사에 초대해주었다. 해안가 근처라 신선한 생선찜과 작은 생선 절임 요리가 나왔는데, 맛이 좋아 생각보다 많이 먹었다.

예상치 못한 따뜻한 대접에 마음이 스르르 풀렸다. 그 순간 '식구'라는 말이 떠올랐다. 같이 식(食)하고 입(口)을 나누는 사람을 가족이라 부르는 한국 사람이라서일까. 같이 밥 한 끼를 먹었을 뿐인데, 마음이 말랑해지는 걸 느꼈다. 역시 서로 알아가는 데는, 함께 밥을 먹는 일만큼 좋은 게 없다.

어쩌다 보니 버리지 못하는 사람이 되었다

하나

 포장용기를 줄이고, 텀블러를 들고 다니고, 비닐 대신 장바구니를 사용하는 친환경적인 삶의 방식을 전세계적으로 지향하고 있다고 들었다. 환경을 위해 노력하는 모습이 좋다고 생각하면서도, 적극적으로 실천하는 편은 아니었다. 한국에 있을 땐, 배달을 자주 시키다보니 일회용품을 자주 사용하기도 하고, 종이빨대의 맛이 별로라며 내심 투덜거리기도 했었다. 이랬던 내가 어쩌다 보니 마다가스카르에서 누구보다도 '친환경적인 라이프'를 살고 있다. 언제부턴가 질 좋은 일회용품들이 너무 아까워졌다.

 처음 이곳에 왔을 땐 잘 몰랐다. 한국에서는 익숙하게 쓰고 버렸던 것들이 여기선 너무나도 귀한 자원이 되었다. 플라스틱 통 하나도 생각보다 훨씬 비싸고, 품질도 썩 좋지 않다. 그래서 자연스럽게 한번 썼던 통은 씻어서 다시 쓰고, 포장도 줄이고, 물건을 쉽게 버리지 않게 됐다. 식당에서 중국 음식을 포장해오기 위해 추가로 내야 하는 플라스틱 용기값이 아까워서 그냥 집에서 냄비를 들고 간 적도 있다.

그중에서도 우리가 정말 버리지 못하고 계속 모으는 게 있다. 바로 쇼핑백이다. 쇼핑백이 얼마나 귀한 건지 절실하게 깨달았다. 한국에서는 행사 때 주는 쇼핑백이나 백화점 포장지를 한두 번 쓰고 버리는 게 익숙했는데, 여기선 그렇게 멀쩡한 걸 받는 일 자체가 드물고 따로 사려면 가격도 만만치 않다. 프랑스 여행을 다녀왔을 때에도 남들은 기념품을 넣을 자리에 우리는 소중한 쇼핑백들을 접어 넣어 왔었다. 탄탄하고 질 좋은 종이에다가 디자인도 세련된 쇼핑백들을 차마 버리고 올 수 없었다. 이때 가져온 쇼핑백들은 마다가스카르에 돌아와서 아직까지도 잘 쓰고 있다.

종이박스도 마찬가지다. 한국처럼 아무 박스나 쉽게 구할 수 있는 것도 아니고, 대부분 너무 얇고 약하다. 그래서 한창 이사 준비를 할 시기에는 어딜 가나 튼튼한 박스를 눈에 불을 켜고 찾았다. 그렇게 모아둔 박스 덕분에 우리는 무사히 이사를 마칠 수 있었다. 앞으로 한동안은 이사할 예정이 없는데도 불구하고 버리지 못한 박스들이 사무실 창고에 쌓여있다. 유독 박스와 쇼핑백에 미련이 뚝뚝 넘쳐 흐른다. 버리지 않는 건지, 못하는 건지 이젠 잘 모르겠다.

얼마 전에도 한국에서 온 팀이 면세점에서 선물을 사왔는데, 면세점 비닐 봉투가 너무 튼튼하고 질이 좋아 버리지 못했다. 한번이라도 더 쓰고 버릴 예정이다. 마다가스카르에서의 생활은 우리를 어쩔 수 없이 절약하고 환경 친화적인 사람으로 만들었다. 한국에서는 막연하게 해야한다는 생각은 있었지만 삶으로 실행하기까지 귀찮음을 이겨낼 결단이 필요했다. 여전히 내가 친환경적인 사람인가에는 의문이 있지만 그래도 한국에서 살 때보다는 훨씬 친환경적인 삶을 지향하고 있다.

4. 마다가스카르 여행기

세계자연유산 칭기

어진

유네스코 세계자연유산으로 등재되어 있는 마다가스카르의 칭기(Tsingy)는 칼날처럼 날카롭고 뾰족하게 깎인 석회암으로 이루어져있는 일종의 '바위 숲'이다. 실제로 보면 거대한 연필 흑심들을 잘 깎아서 촘촘하게 거꾸로 꽂아 놓은 듯한 모습이다. 이곳에 살았던 바짐바족은 뾰족한 돌 위를 피해서 걷기 위해 까치발로 다녔다고 한다. 바짐바족의 말로 까치발을 일컫는 '칭기'가 이곳의 이름이 되었다.

칭기는 가고 싶다고 갈 수 있는 곳이 아니다. 들어가는 길이 워낙 험하고, 중간에 강도 두번이나 건너야 하기 때문에 우기철에는 아예 진입할 수가 없다. 비가 오면 진흙으로 된 도로가 엉망이 되고, 강이 불어나서 위험하다. 미리 알아보고 계획했던 건 아니었지만, 운이 좋게도 우리가 마다가스카르에 도착한 시점에는 칭기로 향하는 길이 여전히 열려 있었다. 지금 돌아보니, 이걸 운이 좋았다고 표현하는 게 맞나 싶긴 하다. 당시 칭기에 대해 유일하게 아는 사실이라고는 '유네스코 세계유산'이라는 것밖에 없었는데, 아무런 사전 준비없이 가벼운 마음으로 갔다가 단단히 혼쭐이 났다. 지금까지 가본 여행지 중 가장 힘들고 험난했다. 만약 칭기에 가고 싶은 사람이 있다면 우리의 경험담을 참고하여 산 넘고 물 건널 몸과 마음의 준비를 미리 하길 바란다.

칭기에 가기 위해서는 우선 모론다바를 거쳐야 한다. 바오밥나무의 성지인 모론다바는 차량이나 비행기로 갈 수 있는데, 워낙 인기가 많은 여행지라 국내선도 자주 있다. 칭기를 목적으로 모론다바에 가는 거라면, 국내선을 이용하는 편을 추천한다. 모론다바에서 칭기까지 가려면 무조건 사륜차를 타고 비포장도로를 달리는 방법밖에 없기 때문에 체력을 최대한 아껴두는 게 좋다. 앞서 말했듯이, 아무것도 몰랐던 우리는 모론다바까지도 차로 갔다. 수도에서 새벽 일찍 출발해서 쉬지 않고 달린 덕분에 약 15시간만에 모론다바에 도착했던 것 같다. 모론다바의 호텔에서 칭기로 들어갈 수 있는 가이드와 사륜차를 대여하고 하룻밤을 잤다. 우리는 호텔에서 가이드를 소개해줬지만, 간혹 거리에 나가서 직접 찾기도 한다고 한다. 사륜차는 드라이버를 제외하고 총 4명까지 한 대에 탈 수 있지만, 정말 자금이 부족한 상황이 아니라면 3명까지만 타기를 추천한다. 길이 울퉁불퉁한 탓에, 뒷좌석 가운데 자리에 앉은 사람은 장시간동안 멀미로 괴로운 시간을 보내야 한다. 경험에서 우러나온 조언이니 부디 참고해주기를.

모론다바에서 칭기까지 총 11시간이 걸렸고, 두 번의 강을 건넜다. 5시간여를 달리다가 페리로 강을 건넌 후 간단히 점심을 먹고, 다시 5시간을 더 이동해서 왜 다리를 안 만들고 뗏목으로 이동하는지 모를 아주 짧은 강을 건넌다. 칭기만 300번이상을 다녀왔다는 숙련된 드라이버가 요령껏 운전을 하는데도 불구하고, 황토길 여기저기가 패여있는 바람에 차가 거의 한쪽으로 기울어져서 가는 수준이었다. 움푹 패인 구덩이를 피하려고 차가 덜컹거릴때마다 목을 가누기 어려울 정도로 이리저리 몸이 흔들렸다. 차라리 잠들고 싶은데 잘 수도 없었다. 잠들락말락 하면 한번씩 덜컹, 하며 차 천장에 머리를 부딪혔다. 아무리 그래도 명색이 세계자연유산이고, 나름 관광객들도 많이 찾는 곳인데 어느 정도 길을 다져놔야 하는 게 아닌지. 차에는 에어컨이 없었기 때문에 창문을 열어놓고 달렸는데, 앞서 달리는 차가 일으키는 모래 먼지가 그대로 들어와서 의자에 뽀얗게 내려앉았다. 창문을 닫자니 바람이 통하지 않는 차 안이 너무 덥고, 창문을 열자니 모래 먼지가 눈과 코를 공격하는 진퇴양난의 상황이랄까.

분명 칭기 여행기라고 했는데, 칭기까지 가는 길이 얼마나 험한 지에 대해서만 잔뜩 얘기한 것 같다. 그만큼 접근하기가 어려운 곳이기 때문에 더 신비하고 매력적으로 보이는 것 같기도 하다. 늦은 밤 칭기 근처에 있는 호텔에 도착했기 때문에 하룻밤을 자고 다음날 이른 아침부터 다시 길을 나섰다. 놀랍게도 숙소에서부터 차를 타고 한시간여를 더 가야 비로소 칭기에 들어갈 수 있었다. 칭기에는 '쁘띠 칭기'와 '그랑 칭기'가 있는데, 우리는 그랑 칭기의 4시간 코스를 택했다. 그랑 칭기는 말 그대로 야생 그 자체였다. 이정표가 없기 때문에 동행하는 가이드를 잘 따라다녀야 한다. 중간중간 절벽을 오르거나, 동굴을 지나거나, 사다리를 타고 오르내려야 하는 구역이 있어서 하네스를 착용해야 한다. 한 사람이 간신히 들어갈 만큼 좁은 틈을 지나야 하는 길도 있어서, 실제로 체격이 큰 사람들은 틈을 통과하지 못하고 되돌아오기도 한다. 줄 하나에 의지해서 맨몸으로 가파른 절벽을 지날 때에는 헬멧이라도 써야 하는 건 아닌지 다리가 후들거리기도 했다. 현실적으로 헬멧이 얼마나 도움이 될까 싶기도 하지만, 적어도 마음의 작은 위안정도는 되지 않을까. 그랑 칭기 코스 자체는 온 몸으로 자연을 느낄 수 있어서 생생하고 재밌었다. 정상에 오르자 뾰족뾰족한 석회암들이 펼쳐진 풍경도 이색적이었다. 왜 칭기가 많은 이들에게 매력적인 여행지로 손꼽히는 지 알 수 있을 것 같았다. 만약 나에게 다시 가고 싶냐고 묻는다면 뒷걸음질을 치겠지만, 자연과 등산을 좋아하는 사람이라면 한번쯤 도전해볼 만한 장소라고 생각한다.

큰 섬, 누시베

하나

 어진이가 알러지 치료 때문에 혼자 한국에 갔던 3주간, 심심함을 이기지 못하고 북쪽에 있는 섬, 누시베(Nosy Be)로 떠났다. 마다가스카르 내부의 유명한 관광지라고 할지라도 여행객을 위한 인프라가 부족한 편이다. 그런데 누시베는 그중 예외다. 숙소와 식당, 섬 투어까지 잘 연결되어 있어서, 처음 가도 어렵지 않게 여행을 즐길 수 있다. 누시베는 '큰 섬'이라는 뜻이지만, 실제로는 차로 한 바퀴 도는 데 세 시간이면 족할 만큼 아담하다. 대신 주변의 작은 섬들로 나가는 프로그램이 잘 짜여 있어서, 즐길거리가 다양하게 있다.

 가는 방법은 크게 두 가지. 하나는 국내선 비행기, 다른 하나는 배편이다. 국내선은 수도 안타나나리보에서 출발하며 날짜에 따라 가격 차이가 크기 때문에 미리 예약하는 게 좋다. 놀라운 건, 이탈리아 밀라노에서 누시베로 바로 오는 국제선도 있다는 사실이다. 그만큼 이탈리아 사람들이 누시베로 휴가를 많이 온다. 그래서 누시베 안은 이탈리아 여행객을 위한 프로그램도 많고 이탈리아어를 주로 하는 호텔도 있다. 그래서인지는 모르겠지만 물가도 굉장히 비싸다. 다른 방법인 페리를 타려면 먼저 본섬 북쪽의 Ankify까지 올라가야 한다. 버스를 타고 가는 데만 하루가 걸릴 수도 있다. 페리는 인원이 차야 출발해서 정확히 언제 떠날지 모른다. 현실적인 추천은 역시 비행기다. 그래서 고민 없이 비행기를 탔고 누시베로 갔다.

첫 삼일간 묵었던 숙소는 누시베 유일의 5성급 리조트, Adriana Resort & Spa 였다. 위치가 언덕 위에 있어서 수영장에서 바다를 내려다볼 수 있었고, 시설도 전반적으로 깔끔했다. 음식은 누시베에서 손에 꼽히게 맛있었고, 와이파이와 에어컨도 완벽하게 작동했다. 다만 숙소가 화장실과 침실 사이 천장이 뚫려 있어서 사생활 보호가 완벽하게 되지 않으니, 친한 사람과 함께 가길 바란다. 문은 열쇠로 잠그는 방식인데, 이게 또 몇 번이고 안 열려서 결국 방을 바꿨다. 그리고 언덕 위에 있어서 바로 바다로 나가지 못하는 아쉬움이 있었다.

나머지 일정은 Palm Beach 리조트에서 보냈다. 바닷가 바로 앞에 위치한 이 리조트는 방갈로를 예약하면 베란다 문만 열고 나가면 바로 해변이다. All inclusive 옵션을 선택하면 하루 세 끼 식사와 몇몇 음료를 무제한으로 즐길 수 있다. 이 숙소는 이탈리아 관광객이 많아서, 식당에만 있어도 이탈리아 바닷가 어딘가에 온 듯한 착각이 든다. 햇빛에 조금 타는 건 신경 안 쓰고, 하루종일 선베드에 누워서 시간을 보냈다. 칵테일을 홀짝이며 누워만 있어도 즐거웠다.

섬 투어도 빼놓을 수 없다. 가장 인상 깊었던 곳은 누시 이란자(Nosy Iranja). 본섬에서 멀찍이 떨어져 있지만, 오히려 그래서 더 깔끔하게 보존된 터키색 바다와 하얀 모래 해변을 즐길 수 있다. 두 개의 섬을 얇은 하얀 모래 길이 잇고 있는게 특징이다. 그 사이로 서로를 향해 부딪는 에메랄드빛 파도를 즐겨도 재밌고 멀리 산 위로 올라가 사라졌다 다시 나타나는 흰 모래밭을 봐도 좋다. 그 외에도 누시쿰바(Nosy Komba)와 타니켈리(Tanikely)를 묶은 투어도 있다. 마키(여우원숭이)를 가까이서 볼 수 있고, 타니켈리에선 스노클링을 할 수 있다. 물이 맑아서 바닥이 그대로 보이고, 수영을 하다 보면 물고기가 옆에서 같이 놀고 있다.

누시베를 다녀온 뒤로 휴양지로 놀러가는걸 좋아하게 됐다. 보통은 돌아다니고 보고 먹고 하는데 집중하는 여행을 하는데. 그냥 바다를 바라보며 누워있는 자체가 즐거울 수 있다는걸 알게 되었다. 이때부터 본격적으로 수영에 재미가 붙어버렸다. 그래서 마다로 돌아온 어진이에게 꼭 바다에서 스노클링을 해보자며, 수영을 같이 배웠다. 바닷가로 가게 될 다음 여행이 기대된다.

항구도시 타마타브

어진

 수도 안타나나리보에서 동쪽으로 350km정도 떨어진 곳에는 마다가스카르 최대의 항구도시 타마타브(Tamatave)가 있다. 한국에 비교하자면 부산이나 포항쯤 되는 느낌이다. 요즘은 명칭이 바뀌어 토아마시나(Toamasina)라고도 불리는데, 말라가시어로 '소금같은'이나 '짭짤한' 등의 의미를 가지고 있어서 바다와 맞닿아있는 도시의 특징이 잘 나타난다.

 바오밥나무로 유명한 모론다바나 아름다운 해변이 있는 뚤레아 등 관광객들이 많이 찾는 몇몇 도시들이 있지만, 우리는 그 중에서도 타마타브를 가장 좋아한다. 수도에서 비행기로 1시간여 정도면 갈 수 있는 비교적 가까운 거리라 벌써 3번이나 다녀왔다.

 언니와 내가 여행에서 가장 중요하게 여기는 건 단연코 음식이다. 그렇기에 우리가 타마타브를 좋아하는 이유들 중에서도 맛있는 음식이 빠질 수 없다. 이상하게도 수도에 있는 비싼 프렌치 레스토랑보다 타마타브에 있는 소박한 식당에서 파는 음식이 우리의 입맛에 더 잘 맞는다. 모래사장이 길게 펼쳐진 해변을 마주보고 있는 다라피피 (Darafify)는 우리가 타마타브에 갈 때마다 꼭 들리는 단골 식당이다. 소고기에 짭짤하게 양념을 한 '제부 스테이크 (Zebu steak)'와 '사카이(Sakay)'라고 불리는 현지의 매운 고추소스를 곁들여 먹으면 완벽한 조합이다. 언니는 보통 통통한 게살과 새우가 들어간 마다가스카르식 스튜 요리인 '로마자바 (Romazava)'를 시켜서 마치 국밥처럼 밥을 말아먹는데, 이 또한 별미다. 다라피피에서 든든하게 배를 채우고 나서 후식으로 꼭 먹어줘야 하는 게 있다. 바로 이탈리아인 사장님이 직접 운영하고 있는 젤라또 가게의 아이스크림이다. 가게 이름도 '젤라떼리아 이탈리아나 (Gelateria Italiana)'인 만큼, 나름 이탈리아 정통 젤라또의 맛을 느낄 수 있다. 다 큰 어른만의 특권으로 언니와 나는 이 집의 젤라또를 하루에 3번까지도 먹은 적이 있다. 개인적으로는 누텔라맛과 요거트맛을 추천한다.

타마타브만의 또다른 재미는 바로 '툭툭'이라고 불리는 샛노랑색 삼륜차이다. 한국돈으로 500원에서 1000원정도면 웬만한 거리는 이 툭툭이를 타고 이동할 수 있다. 단, 외국인에게는 천진한 얼굴로 열배의 가격을 요구하기도 하니 탈 때마다 흥정은 필수이다. 매번 툭툭이 기사와 옥신각신하며 가격을 깎아야 한다는 점이 때로는 피곤하게 느껴지기도 하지만, 그만큼 원하는 가격을 얻어냈을 때의 소소한 기쁨이 있다. 해안가와 맞닿아있는 도시인만큼 뻥 뚫린 툭툭이의 뒷자리에 타고 달리며 시원하고 짭쪼름한 바닷바람을 마음껏 맞는 것도 좋다. 물론, 내려서 엉망이 된 머리는 알아서 감당할 것.

선선한 저녁 산책을 즐겨 하는 우리에게 노을이 지는 바닷가를 따라 걸을 수 있다는 점 또한 큰 메리트이다. 최근에는 흙바람이 일던 울퉁불퉁한 해안도로에 매끄러운 아스팔트와 가로등이 들어서는 놀라운 변화가 생기면서 산책을 하기에 훨씬 더 좋아졌다. 실제로 운동복과 런닝화를 본격적으로 챙겨입고 조깅을 하거나 운동을 하는 현지인들도 심심치 않게 보인다. 새롭게 들어선 길을 따라 걷다보면 해변 한복판에 난파된 작은 배가 하나 있다. 소문에 의하면 배를 치우는 비용이 비싸서 벌써 몇년째 그 상태 그대로 방치하고 있다고 한다. 꾸준히 세월과 파도를 맞은 난파선은 마치 영화 '캐리비안의 해적' 속 한 장면을 떠올리게 하는 스산한 모양새를 갖추고 있다. '대체 언제쯤 치우려나' 하는 궁금증이 들면서도 막상 사라지게 된다면 내심 그 빈자리가 섭섭할 것 같기도 하다. 타마타브에 갈 때마다 나도 모르게 여전히 그 녹슨 배는 자리를 잘 지키고 있는 지 확인하게 된다.

  가끔씩 안타나나리보가 답답하게 느껴질 때면 타마타브에 가서 바닷바람을 쐬고 질릴 때까지 원하는 아이스크림을 먹으면서 소소하지만 확실하게 보장된 행복을 느낀다. 하루에 5만 원이 채 되지 않는 합리적인 가격으로 해변 바로 앞에 있는 호텔에서 아침마다 파도소리에 눈을 뜨는 작은 사치를 즐길 수도 있다. 단, 가장 덥고 습한 시기에 타마타브에 가는 것은 되도록 피하는 게 좋다. 원래도 바닷가와 근접해있어서 습한 편인데, 마다가스카르의 우기철인 11월에서 3월 사이에 가면 거대한 찜통 속에 들어와있는 것 같은 체험을 할 수 있기 때문이다. 이 시기의 타마타브는 그 어떠한 맛있는 음식과 해변의 낭만이 있다고 한들 견디기 쉽지 않다. 글을 쓰다보니 타마타브의 짭짤한 공기와 해변가의 노을이 그리워진다.

5. 아직 적응 중입니다

다름을 온전히 받아들일 것

하나

마다가스카르에 와서 초반에 말라가시 선교사와 결혼한 영국 선교사님이 해마다 열어주는 Malagasy culture class를 들었다. 수업에서는 단순히 말라가시인들이 어떤 음식을 먹고, 어떤 언어를 쓰는지 알려주는 수준을 넘어서 이 사회의 구조에 대해 가르쳐주었다. 많은 걸 배웠고 그 덕에 아예 이해하지 못하던 부분들도 이제는 그래서 그랬구나, 하고 넘어갈 수 있게 되었다. 그중에서도 강렬하게 남아 있는 내용이 있다. 문화권별 죄의식 구조에 대해 배웠던 부분인데 대체로 세 가지 구조로 나눈다고 한다. 죄책감과 무죄 중심 문화(Guilt-Innocence), 수치심과 명예 중심 문화(Honor-Shame), 두려움과 권력 중심 문화(Fear-Power) 이렇게 나뉘는데 간단히 설명하자면 이렇다.

죄책감과 무죄 중심 문화(Guilt-Innocence)는 법, 규칙, 윤리적 기준을 바탕으로 옳고 그름을 판단하는 구조이다. 잘못된 행동을 했을 때, 타인의 시선보다는 내면의 죄책감으로부터 죄

의식을 느끼게 된다. 보통 서구권이나 기독교적 윤리 중심 사회에서 이런 구조가 뚜렷하게 나타난다. 만약 아이가 사탕을 훔쳤다면, 누가 그걸 보았는지보다 스스로 이건 잘못된 일이라고 생각하는 내면의 기준이 중요하다.

수치심과 명예 중심 문화(Honor-Shame)는 타인의 시선, 평판, 체면이 중심이 되는 구조이다. '무엇이 옳은가'보다는 '남들이 뭐라고 볼까'가 더 중요하다. 잘못이 들키지 않으면 문제가 되지 않는다고 여겨지기도 한다. 한국은 죄책감과 무죄 중심 문화와 함께 전통적으로는 이 구조에 가깝다. '남들 앞에서 창피하다.', '가문 망신이다.' 같은 말이나 '체면'을 중시하는 문화는 수치심과 명예 중심 사회의 전형이다. 예시로 결혼식장에 친척을 초대하는 이유가 꼭 함께 기쁨을 나누기 위해서라기보다는 '체면을 세우기 위한 사회적 의례'의 성격이 강하게 나타난다.

두려움과 권력 중심 문화(Fear-Power)는 권력, 초자연적 존재, 사회적 위계 앞에서 생기는 두려움을 중심으로 한 구조이다. 중요한 건 '이게 옳은가'가 아니라 '이 사람 말을 안 들으면 무슨 일이 생길까'이다. 마다가스카르는 이 구조가 강하게 작동한다. 마법, 저주, 혹은 권력자에 대한 두려움이 실질적으로 많은 행동의 기준이 된다. 특히 윗사람 말은 무조건 따라야 한다는 수직적 위계가 분명하고, 어떤 결정도 그 위에서 '내려줘야' 진행된다.

마다에 살면서 이 구조를 계속 경험하게 됐다. 일을 '되게 하려면' 어떤 경우엔 수직 구조 안에서 대화해야 한다. 처음엔 이게 무척 불편했다. 한국도 여전히 수직 구조가 존재하지만, 겉으로는 수평적인 관계를 표방하곤 하니까. 다 같이 논의하고 결정하는 방식이 익숙한 우리에겐, 한 사람의 말이 절대적 기준이 되는 상황이 이때까지 우리가 배운 교육과 부딪힘이 있었다.

직원들과 외부 업체와 미팅을 하다 보면 늘 이 수직적인 사고의 작동 방식을 실감하게 된다. 외부 업체 사람들은 자기 이익에 맞게 얘기하기 마련이다. 우리는 그 말을 걸러 들을 준비가 되어있었지만, 문제는 직원들이 그 말을 너무 믿고, 심지어 그 사람의 말을 안 들으면 무슨 일이 생길까 봐, 되려 우리를 설득하려고 들곤 했다.

상대의 말을 걸러 듣는 것. 이 부분을 가지고 직원들과 대화했었다. 객관적인 사실과 직원들이 느낀 부분(그들의 걱정이나 염려)을 분리해서 우리에게 보고해달라고 몇 번의 당부를 했었다. 이 문제는 우리가 책임자라는 점을 더 분명히 했을 때 나아졌다. 명확한 상사와 직원이라는 관계 제시는 오히려 직원들에게 안정감을 주는 것 같았다. 그렇게 관계가 정리되고 나서야 외부 권위보다 내부 지시에 먼저 귀를 기울이기 시작했다. "우리가 이 사람들 말을 듣지 않으면 일을 진행하지 못할 거 같아"같은 얘기는 더는 가져오지 않았다. 직원들과 나이 차이가 많이 나지 않기도 하고 작은 회사이기에 수평적인 관계 구축을 하면 좋겠다고 생각했던 어진이와 나는 그 생각을 잠시 내려놔야 했다.

우리는 아무래도 지금까지 '수평적인 관계'와 '민주적인 리더십'을 더 바람직한 방향으로 배워왔다. 그래서 처음엔 이곳의 방식이 무례하거나 낡은 질서처럼 느껴지기도 했다. 하지만 이제는 단순히 다르다는 사실 자체를 인정하는 것이 훨씬 중요하다는 걸 배웠다. 이해가 되지 않더라도 '그럴 수도 있구나' 하고 받아들이는 유연함이 오히려 관계를 편하게 만든다.

실제로 마다가스카르에서 수평적인 태도보다 관계의 위계가 분명할 때 신뢰가 생기는 경험도 했다. 그동안 우리가 당연하게 여겼던 방식이 유일한 해답은 아니었다. 이곳에서 살아보며 점점 깨닫는다. 내가 익숙한 방식이 전부는 아니다. 때로는 내가 불편하게 느끼는 방식일지라도, 그 안에서 살아보고 적응해보려는 태도가 필요하다. 그리고 무엇보다 안다고 생각하는 것 그리고 그 알고 있는게 전부라고 생각하는 순간 오류를 만들 수 있다는 생각을 한다. 그래서 알고 있다고 생각해도 다른 방법과 경우가 나왔을때 그럴 수 도 있구나 하며 받아들일 수 있어야 한다.

한 가지 시선에 머무르지 않기 위해서는 삶을 더 유연하게 바라볼 필요가 있다. 가끔은 나무를 보다가도 숲을 보고, 숲을 보다가도 나무를 볼 수 있는 사람이 되고 싶다. 한 생각에 고착되고 싶지 않기에 또 변해야 하는 순간이 온다면, 이게 맞았다고 고집하지 않고 부드럽게 방향을 틀 수 있는 사람이 되어 있길 바라본다.

운전기사를 하려면 운전면허증이 있어야 돼

어진

 운전을 하려면 운전면허증이 있어야 한다. 이게 무슨 당연한 말인가 싶겠지만 우리가 드라이버 구인공고를 낼 때마다 꼭 굵은 폰트로 여러번 강조하여 자격요건에 넣는 문구이다. 마다가스카르는 한국과 교통법이나 도로사정이 많이 다르다. 외국인 신분으로 운전을 하다가 만에 하나 사고라도 난다면 여러가지로 일이 복잡해질 수 있기 때문에 한인들은 대부분 현지 드라이버를 고용하는 편이다. 제대로 된 신호등이나 횡단보도가 없는 건 당연하고, 언제 어디에서 달구지를 몰던 소의 심기가 꼬여 길 한복판에 드러누울 지도 모르는 일이다. 정글과도 같은 예측불가의 도로 위를 달릴 자신이 없었던 우리가 가장 먼저 구하기 시작한 스태프도 드라이버였다.

 마다가스카르에서는 페이스북이 한국의 알바몬이나 사람인 같은 구인구직 플랫폼 역할까지 맡고 있다. 페이스북을 통해 구인공고를 올리면 관심있는 사람들에게서 메세지가 오고, 그 중에서 마음에 드는 사람들을 골라 인터뷰 일정을 잡는 방식이다. 아무리 이전에 기사 경력이 있는 지원자들이라도 수동 운전에 익숙한 이들이 오토 차량 앞에서 긴장하는 것은 흔한 풍경이다. 덕분에 공터 주차장을 한바퀴 돌고 다시 원래의 자리에 주차하는 간단한 사전 운전 테스트에서조차 아찔했던 순간들이 많다. 사이드브레이크를 풀지 않고 출발한다거나 수동 운전할 때의 습관처럼 엑셀과 브레이크를 동시에 밟는 일은 다반사이고, 후진으로 차를 빼야 하는 상황에서 전진 기어를 넣어 벽에 그대로 박을 뻔한 적도 있다. 그때마다 황급하게 차를 멈춰세우고 와줘서 고맙다는 인사와 함께 서둘러 지원자를 돌려보낸다. 와줘서 고맙고, 어서 빨리 시동을 끄고 차에서 내려줘. 이정도면 사실 양호한 편이고, 심지어는 면허증이 없는데도 우리 차로 연습하면서 운전을 배워보겠다며 찾아온 사람도 있었다.

한달동안 12명정도 면접을 보고 나서야 겨우 안정적으로 운전을 할 수 있는 드라이버를 뽑을 수 있었다. 그마저도 완전히 마음에 차는 건 아니었지만, 이미 지칠대로 지치기도 했고 당장 우리가 아쉬운 상황이었기 때문에 부족한 부분들은 차차 맞춰나가기로 했다. 마다가스카르의 인건비는 한국의 1/10 수준이다. 한국에서 한 사람을 겨우 고용할 수 있을까 말까 한 월급으로 이곳에서는 열명을 뽑을 수 있다. 누군가는 인건비가 저렴한 만큼 더 많은 사람들을 쉽게 고용할 수 있으니 좋지 않냐고 할 수 도 있겠지만, 그만큼 실력을 갖춘 사람을 뽑는 데에는 품이 많이 든다. 운전기사를 뽑는 면접에 면허증도 없이 나타나거나, 영어에 능통한 통역사를 뽑는 자리에 "굿모닝"과 "굿바이"만 할 수 있는 사람들이 찾아오는 일은 비일비재하다는 말이다. 우리의 기준과 그들의 기준은 많이 다르다.

어렵사리 뽑은 드라이버 덕분에 우리는 그동안 너무 멀거나 길이 복잡해서 망설여졌던 곳들까지도 자유롭게 오갈 수 있었다. 좁은 공간에서 어떻게 주차를 해야 할지 고민하지 않는 것만으로도 삶의 질은 빠르게 향상됐다. 그러나 어디에나 명암이 존재하듯이 몸이 편해진 대신 마음 한 구석에는 새로운 고민거리가 생겨나기 시작했다. 끽 해야 20대 중반의 나이에 사람을 지혜롭게 대하고 인력을 관리하는 방법을 알면 얼마나 알겠는가. 심지어 당시에 나는 하루하루 적응하기에도 급급한 이방인 신세였다. 나름대로 드라이버에게 친근하게 다가간다는 게 고용주와 고용인 사이의 선을 흐릿하게 만들었고, 나중에는 미묘하게 거슬리는 점들이 있어도 확실하게 말하기가 어려워졌다.

하루는 반복되는 잦은 지각으로 인해 마음을 단단히 먹고, 드라이버와의 개인 면담시간을 가졌다.

"5분이든 10분이든 계속 이렇게 습관처럼 지각하면 안돼. 다음부터는 지각비를 월급에서 삭감할 수밖에 없어."

기껏해야 앞으로는 늦지 않도록 조심하겠다거나 미안하다는 말을 예상했던 나는 모든 예상을 깨고 돌아온 드라이버의 대답에 말문이 막혀버렸다.

"집이 너무 멀어서 아침 일찍 오기가 힘들어. 오토바이만 있으면 제 시간에 올 수 있을텐데, 혹시 하나 사줄 수 있을까?"

지각하지 말라고 부른 자리에서 당당하게 오토바이를 사달라는 이야기를 꺼내다니. 뜻밖의 해결책에 머리가 어질어질했다. 당연히 안된다고 거절하자, 드라이버는 선심쓰듯이 그렇다면 자신이 오토바이 구매 비용의 절반을 부담할 테니 나머지 절반만 내달라고 했다. 결국 집과 가까운 곳에서 다른 일자리를 찾아보는 게 좋겠다는 말을 마지막으로 우리와 드라이버 사이의 관계에 마침표를 찍었다. 아직까지도 어이없는 일화로 기억에 남아있긴 하지만, 돌아보면 꼭 드라이버만의 잘못은 아니었다. 아니, 애초부터 명확하게 선을 긋고 규율을 만들지 못한 우리의 책임이 더 크다고 할 수 있다. 그 뒤로는 출근 첫날부터 지켜야 할 규칙과 어겼을 때 책임져야 하는 결과를 정확하게 명시하고 있다. 확실한 규칙과 기준은 오히려 스태프들과 우리의 사이를 더 편안하게 만들었다. 뚜렷한 기준이 있어서 서로 괜한 눈치를 볼 필요가 없어졌기 때문이다. 내가 당연하다고 생각하는 게 꼭 모두에게 당연한 일은 아닐 수 있다는 사실을 새삼스럽게 되새기며, 눈물을 머금고 다시 페이스북에 드라이버 구인 공고를 올렸다. 운전 기사 구함. 오토 차량 운전면허증 지참 필수.

블랙 코미디 부분은 여기입니다

하나

마다에 살면서 웃긴 일들이 많았다. 특히나 본격적으로 일을 시작했을 때 어이없는 일들이 유독 많아졌다. 같은 규정도 사람마다 다르게 해석하고, 같은 절차도 매번 조금씩 달라진다. 오늘 가능했던 일이 내일은 불가능해지고, 다음 주엔 또 아무 일 없이 처리되기도 한다. 얼마 전 주소지 등록 때문에 갔을 때는 최근에 법이 바뀌었다며, 세입자가 해야 했던 서류 등록 절차를 임대인이 해야 한다고 하기도 한다. 법도 자주 바뀌는 상황이니, 나도 내가 뭘 제대로 알고 있다고 말하기 어렵다. 예상에서 빗나가는 상황과 알 수 없는 결과로 이제는 확인에 확인을 반복하는 삶이 일상이 되었다. 우리를 황당하게 만든 수많은 에피소드 중에서 가장 기억에 남는 두 가지가 있다.

회사를 처음 설립할 때였다. 서류 대행 서비스 업체에 맡겨서 준비도 나름 꼼꼼히 했고 요구하는 서류도 착실히 냈다. 생각보다 느린 속도였지만, 사실 그때는 너무 재촉하지 말자는 마음이 있었다. 한국의 속도에 익숙해서 이렇게 기다리는 자세 자체도 훈련하고 배워야겠다는 마음가짐이었다. 그래서 두 달이 넘도록 마냥 기다리고 또 기다리다가 결국 답답한 마음에 연락하니 갑자기 그쪽에서 설명할 게 있다고 했다. 그들이 하는 말은, 관공서가 우리 회사 이름과 비슷한 다른 회사를 헷갈려서 지금까지 우리의 모든 등록 절차가 아예 진행되지 않았다는 얘기였다. 처음부터 다시 해야 한다고 했다. 그제야 대행업체가 두 달 동안 우리의 서류를 한 번도 제대로 확인하지 않았다는 걸 알게 되었다. 그래도 사실대로 얘기해줘서 고마웠고, 그 덕에 무슨 일을 맡기든지 우리가 계속 주기적으로 확인해야 한다는 교훈을 얻었다. 간신히 받은 서류에는 업종이 잘못 기재되어 있어서 또다시 해야 했다.

두 번째 사건은 사업자 비자를 발급받으면서 생긴 일이다. 비자 신청 때문에 행정기관에서 지문과 사진을 찍고 나서 인증서같은 걸 받았는데, 받자마자 지금 내가 제대로 읽고 있는 게 맞는 지 두세 번을 반복해서 읽었다. 서류에는 내 국적이 'Corée du Nord', 불어로 대한민국이 아니라 북한이라고 쓰여있었다. 곧바로 서류를 준 담당자에게 'Nord'가 아니라 'Sud'로 되어야 한다고 다급히 말했다. 담당자는 너무나 느긋한 태도로 이미 넘어간 서류를 받은 직원이 잠시 나갔으니, 돌아오면 수정해놓겠다며 걱정말고 가봐도 된다고 했다. 그렇게 확실하게 말하니, 당연히 알아서 잘 고쳐줄거라고 생각했다. 수정을 요청했고, 담당자가 수정하겠다고 했으니 당연히 더 이상 문제가 없을 거라고 모두가 생각하지 않나? 그러나 그날의 교훈은, 문제가 생기면 '고쳐질 때까지 내 눈으로 확인해야 한다'이다.

그로부터 한 달 반이 지난 후 받은 비자에는 여전히 'Nord'라고 쓰여 있었다. 비자 진행 상황을 수십 차례 물어보면서 그때마다 국적을 꼭 확인해달라고 했는데도 불구하고, 끝끝내 대한민국 사람을 북한 사람으로 만들어 버렸다. 내 여권 앞뒤에 떡하니 Republic of Korea라고 쓰여 있는데도 비자를 발급할 때 그런 실수가 생기다니. 믿을 수가 없다. 말도 안 된다며 괴로워하며 욕해봐도, 내 여권 속 비자에는 'Coree du Nord'라고 쓰여 있었다. 결국, 모든 일이 잘 해결되고 지금은 비자의 국적도 제대로 대한민국 사람이 되었지만, 당시에는 북한 사람이 되어버린 여권을 받고 식은땀이 났던 게 기억난다.

물론, 일이 막 벌어졌을 땐 웃긴 에피소드라기보단 화나고 속상한 경험에 가까웠다. 그 상황에 갇혀 있을 땐, 기다렸던 시간과 쌓인 기대만큼 분노도 컸다. 일이 제대로 되지 않았다는 사실이 누군가를 탓하고 싶었고, 그 순간엔 그 일이 전부처럼 보이기도 했다. 하지만 시간이 조금만 지나면, 그런 일조차 웃으며 얘기할 수 있는 소재가 되어 있다. 사람은 감정에 휩싸여 있을 때는 그 감정이 전부처럼 느껴지지만, 대부분의 일은 결국 '그땐 그랬지' 하고 웃으며 넘길 수 있는 날이 온다. 그래서 요즘은 일이 생기면 속상함보다 먼저, "이건 또 어떻게 맛깔나게 얘기해볼까?" 하며 웃고 넘기려 한다.

바퀴가 빠져도 차는 달린다

어진

 바퀴빠진 차를 타고 달려본 적이 있는 가. 수출업을 시작하고 얼마되지 않아 상품의 상태를 확인하기 위해서 현지 농장까지 지방 출장을 가야 하는 일이 있었다. 마다가스카르의 비포장도로가 얼마나 험하고 고된 지는 익히 잘 알고 있었기 때문에 되도록 국내선을 타고 이동하려고 했지만, 여러번 말했다시피 이곳에서 계획대로 되는 것을 기대하면 안된다. 우리의 일정에 맞는 국내선편이 없었던 관계로 지방으로 갈 때는 비행기를 타고, 수도로 돌아올 때는 차를 타기로 했다. 이미 10시간정도가 예상되는 두려운 귀환길이었다.

 무사히 일을 마치고, 장거리를 고려해 이른 새벽부터 집으로 돌아가는 차에 몸을 실었다. 수도인 안타나나리보보다도 훨씬 덥고 습한 지역이었기 때문에 해가 다 뜨지도 않은 시간인데도 불구하고 호텔을 나선 순간부터 온 몸이 땀으로 끈적거렸다. 당연히 우리가 가장 싼 가격으로 흥정해서 빌린 차에는 에어컨이 없었다. 덜컹거리는 차 안에서 멀미약을 먹고 눈을 감은 채어서 집에 도착하기를 기도할 수 밖에 없었다. 불행 중 다행으로 효과가 강력했던 멀미약 덕분에 절반 정도는 기절하다시피 잠든 상태로 올 수 있었다. 어렴풋이 정신을 차릴 때마다 변함없이 똑같은 시골길 풍경을 보고 쎄한 느낌이 들긴 했지만, 그때까지만 해도 아무리 늦어도 오늘 안에는 집에 도착할 수 있을 거라는 믿음이 있었던 것 같다.

얼마쯤 지났을까. 웅성거리는 소리에 잠에서 깨보니 차가 갓길에 멈춰 서 있었다. 해는 어느 새 뉘엿뉘엿 지고 있었고, 기사와 우리의 현지 스태프들이 심각한 표정으로 이야기를 하더니 차에서 내렸다. 장거리를 이동하다보면 중간중간 차에 문제가 생기는 경우가 흔히 있기 때문에 알아서 잘 해결하겠거니 하고 다시 눈을 감았다. 이상하다. 다시 눈을 떴을 때도 우리의 차는 그 자리에 그대로였고, 기사와 스태프는 돌아오지 않았다. 하늘은 이제 완전히 깜깜해져있었다. 비몽사몽한 상태로 구글 지도를 확인해보니, 집까지 도착하려면 아직도 1/3정도가 남은 상태였다. 애초에 예상했던 10시간은 이미 훌쩍 지나있었.

"무슨 일이야? 차에 문제가 있어?"

"아, 바퀴를 고정하는 나사가 빠져서 기사가 찾고 있어."

그 말을 듣자마자 정신이 번쩍 들었다. 내가 지금 제대로 들은 게 맞나? 빠진 바퀴 나사를 찾고 있다니. 밝은 대낮에도 어려울 것 같은데 이미 어두워진 상황에서 도로 위에 떨어진 나사를 찾는 게 가능하긴 한 일인지, 또 그걸 찾아 온다고 해도 남은 길을 갈 수 있는 차 상태인지에 대한 걱정이 들기 시작했다. 할 수 있는 게 걱정뿐인 상황이라 조마조마한 마음으로 차 안에서 기다리고 있는데, 놀랍게도 얼마 지나지 않아 기사가 어디선가 진짜 나사를 찾아 나타났다. 어둠 속에서 한손에는 플래시, 한손에는 나사를 들고 자랑스럽게 웃는 모습을 보고 있자니 헛웃음이 나왔다.

어찌어찌 바퀴를 끼우고 출발한 지 5분도 채 되지 않아서 차에서 이상한 소리가 났다. 끼익거리는 요란한 소리와 함께 거의 걷는 속도와 다름없을 정도로 기어가던 차는 결국 다시 멈춰섰다. 헐거웠던 바퀴가 다시 빠졌을 뿐 아니라 설상가상으로 브레이크에도 문제가 생겨서 더이상은 도저히 갈 수 없는 상태가 된 것이다. 차가 멈춘 지점에서는 전화조차 터지지 않았다. 이러다가는 정말 하룻밤을 길에서 자야할 수도 있을 것 같아서 내심 마음의 준비를 하고 있었는데, 오히려 현지 스태프들이 사색이 되더니 이리저리 분주하게 움직이기 시작했다.

모든 문제가 해결되고 나서야 들은 이야기지만, 사실 차가 멈춰섰던 곳은 강도들이 많이 나타나는 지역이라 굉장히 위험했다고 한다. 단순히 길에서 밤을 보내고 말고의 문제를 떠나서 지체한다면 강도들의 타겟이 될 수도 있는 긴박한 상황이었던 것이다. 사태파악을 못하고 태평했던 우리와는 달리 발빠르게 움직여 준 스태프들 덕분에 근처 마을에서 다른 차를 구할 수 있었다. 한 여름밤의 기적이었다. 차를 옮겨타고, 창문으로 들어오는 쌀쌀한 밤공기를 맞으며 '이 차는 제발 아무 문제 없기를…' 하고 기도했던 것 같다. 그 뒤로 몇시간을 더 달렸을까. 어느 순간부터 집 근처의 익숙한 풍경이 눈에 들어오기 시작했고, 그제야 비로소 긴장했던 마음을 내려놓을 수 있었다. 18시간동안 에어컨도 없는 차를 타고 비포장도로를 달려온 탓에,

온몸은 마치 골고루 두들겨 맞은 것처럼 쑤셨다. 먼지와 땀으로 범벅이 된 일행의 몰골도 말이 아니었다. 그래도 집에 도착한 사람들의 얼굴에는 피곤함보다는 안도감이 먼저 떠올랐다. 더 큰 사고없이 안전하게 돌아왔다는 사실만으로도 충분히 감사했다.

차에 질려서 한동안은 차를 쳐다보기만 해도 멀미가 나는 듯이 울렁거렸고, 이때 호되게 당한 뒤로 차를 타고 장거리 이동을 하는 일은 무조건 피하고 있다. 힘들 수록 기억에 남는다는 말처럼 그날의 끝나지 않을 것만 같았던 18시간은 지금도 생생하게 떠오른다. 예상치 못한 문제와 마주하는 순간이 올 때면 도로 위에서 빠진 바퀴 나사를 찾아 끼우고, 핸드폰도 안 터지는 지역에서 어떻게서든지 다른 차를 구해 끝끝내 집으로 돌아왔던 그날을 회상한다. 이가 없으면 잇몸으로, 안되면 되게 하는 정신으로 해나가기. 바퀴가 빠진 채로 달리던 그 차처럼, 마다가스카르에서의 삶도 어쩌면 늘 조금씩 덜컹거리며 달리는 중인지도 모르겠다.

익숙하지 않은 것에 익숙해지는 중

하나

 마다가스카르는 한국과 비교하면 위험한 편이지만, 아프리카 본토 국가들과 비교하면 상대적으로 안전한 편이다. 그래도 강도나 도둑이 드물지 않다는 이야기를 이곳에서 오래 지낸 분들에게 수차례 들었고, 우리는 늘 조심하며 생활한다. 특히 여자 둘이 함께 사는 집이다 보니 무던하게 다니던 우리도 자연스럽게 경계심이 커졌다. 해가 지면 외출은 자제하고, 도보 이동은 거의 하지 않는다. 첫 번째 집에서는 간단한 집 주변 산책조차 어려웠다.

 차로 이동하는 것도 만만치 않다. 수도 내에 도로 사정이 좋지 않아서 언제나 교통체증이 심각하다. 한번은 불과 10km 남짓한 거리를 세 시간에 걸쳐 이동한 적도 있다. 그래서 외출을 계획할 땐 단단히 각오를 다지고 나서야 한다. 차가 막히면 하루에 한 가지 일을 처리하기도 쉽지 않아진다. 지금은 훨씬 나은데 첫 번째와 두 번째 집에 살 때는 특히 심했었다. 그래서 한번 나가서 여러 가지 일 처리를 하기 위해 최적의 동선을 찾아야 했다. 아무리 최적의 동선을 찾아도 반대편 차선으로 돌아가는 게 어려워 포기하고 집으로 돌아온 날도 있었다. 그만큼 길이 막히기 시작하면 평소에 막히지 않던 길도 1~2시간을 거의 멈춰서 있기도 한다.

마다가스카르 사람들은 이런 교통 상황에 익숙하다. 그래서 오히려 늦는 것에 대해 상대에게도 본인에게도 관대하다. 약속한 시간에 나타나지 않는 건 허다하다. 기다려도 오지 않고, "어디쯤이냐"는 질문에 정확한 답은커녕 "한 시간 후에 도착한다"고 말한다. 한 시간을 기다리다가 그 사람에게 다시 전화하면 또 한 시간 후에 도착한다고 말한다. 한번은 10시에 만나기로 한 사람을 오후 2시에 만난 적도 있다. 이제 우리는 상대방이 늦는다고 하면 정확히 어느 위치에 있는지 알려달라고 말한다. 그냥 물어보면 자꾸 안 막힐 때 가장 빨리 올 수 있는 최단 시간으로 알려주기 때문이다. 차라리 지금 위치를 말해주면 앞으로 얼마나 더 걸릴지 대충 예상할 수 있다.

점차 마다의 방식에 익숙해지면서 처음 왔을 땐 스트레스로 다가왔던 일들에도 이제는 요령이 생겼다. 우선 이곳은 점심시간이 굉장히 길다. 거의 두 시간이나 되는데 관공서나 회사별로 시간도 다 다르기 때문에 11시부터 2시까지는 점심시간일 수도 있는 경우의 수를 계산해서 일처리를 해야 한다. 일을 며칠까지 마무리하겠다고 하면, 실제로는 +5일 정도를 예상하고 준비한다.

회사를 직접 운영하면서 놀랐던 건 노동법의 구조였다. 마다가스카르는 프랑스 법의 영향을 받아서 노동법이 매우 체계적이고 노동자 친화적으로 구성되어 있다. 그 중 하나가 유급 휴가제도이다. 매달 2.5일씩 누적되는 휴가일로, 1년 근무하면 총 30일의 유급휴가를 사용할 수 있다. 한국에선 1년에 11일에서부터 시작하는 점을 생각하면 꽤 넉넉한 편이다. CNaPS(Caisse Nationale de Prévoyance Sociale)라는 국가사회보장기금이 있다. 직원 한 명당 CNaPS에 내는 사회보장비는 일반적으로 회사가 13%, 직원이 약 1%를 부담하게 되어 있다. 분기별로 지급하는데 회사부담금이 많아서 꽤 놀랐던 기억이 있다.

물론, 아직도 이해할 수 없는 일이 생기긴 한다. 얼마 전엔 프랑스 대통령 마크롱과 몇몇 아프리카 대통령들이 마다가스카르에 방문했는데, 그날은 국빈이 방문한다는 이유로 '공휴일'이 되었다. 공휴일이 갑자기 직전에 공지해서 생길 수 있다는 게 놀라웠다. 왜 다른 나라 대통령이 온다고 이 나라 전체가 쉬는 건지, 또 왜 그걸 며칠 전에 급하게 공지하는 건지 알 수는 없지만, 그냥 '앗싸, 쉬는 날이다' 하고 쉰다. 새롭게 생긴 공휴일 말고도 원래부터 쉬는 날이 많다. 특히 연말과 연초는 합해서 거의 한 달을 쉰다. 12월 중순쯤 되면 사람들은 연말이라며 업무를 접고, 1월 중순까지는 새해 초라고 연락이 안 된다. 한 달 가까이 모든 게 멈춘다는 건 꽤나 긴 시간이지만, 덕분에 삶이 여유로워졌다. 우리도 연말 한주, 연초 한주 이렇게 2주를 쉬고 그 뒤로는 근무했는데, 어차피 다른 곳들이 일을 안 해서 결과적으로 거의 한 달 전체를 쉰 거나 다름이 없다.

그렇다고 아무 일도 안되는 건 아니니까. 단지 모든 일이 천천히, 예기치 않은 방식으로 풀릴 뿐이다. 기대와 다른 결과가 나올 때도 잦고, 도무지 예측할 수 없는 타이밍에 갑자기 문제가 해결되기도 한다. 여전히 어디로 튈지 알 수 없는 부분들이 있지만, 처음보다는 일의 흐름에 대해 감을 잡아가고 있다.

빨리빨리 대신 무라무라

어진

"무라무라(Mora Mora)"는 말라가시어로 "천천히"라는 뜻이다. 마다가스카르에서 잘 살기 위해서는 한국의 '빨리빨리' 문화는 과감히 버리고 하루빨리 '무라무라' 방식을 받아들이는 게 좋다. 아이러니하게도 '빨리빨리' 문화를 버리는 것조차 빨리 해야 한다고 주장하는 나는 정말 뼛속까지 한국인임이 틀림없다. 워낙 한국의 일처리가 신속하기 때문에 다른 어느 나라를 가든 비교를 하게 될 수 밖에 없는 건 사실이지만, 마다가스카르는 특히나 느리고 답답한 일처리 속도로 악명이 높다. 만약 어떤 일을 맡겼을 때 일주일이 걸린다고 한다면 3주를 예상하고, 한달이 걸린다고 한다면 6개월을 기다릴 마음의 준비를 하는 게 좋다. 특히 그 대상이 마다가스카르의 정부 부처나 공기관이라면 방금 얘기했던 기간에 다시 곱하기 3배 정도를 해야 한다.

최근 이사를 하면서 전입신고를 다시 할 일이 있었는데, 직접 이전에 살던 지역의 동사무소에 가서 우리가 더 이상 그곳에 살지 않는다는 확인서를 가져와야 했다. 왕복 두시간이 걸리는 거리를 가서 확인서를 받고 돌아오니 때마침 점심시간에 걸려서 꼼짝없이 기다려야 했고, 오후에 다시 찾아간 동사무소는 그날따라 일찍 문을 닫은 상태였다. 한번에 필요한 서류를 전부 알려주면 좋으련만. 다음날 우리를 맞이한 동사무소 직원은 또다른 서류를 요구했고, 결국 몇번의 헛걸음 끝에 꼬박 사흘에 거쳐서야 전입신고를 끝마칠 수 있었다. 대부분의 공문서를 온라인으로 간편하게 발급받을 수 있는 한국과 달리, 모든 걸 본인이 직접 가서 처리해야 하는 마다가스카르에서는 이렇듯 기다림을 감수해야 한다. '말라가시 타임'이라는 말이 있을 정도로 시간 개념 자체가 우리와 다른 부분도 있어서 칼같이 약속시간을 지키는 것을 기대하기는 어렵다. 일상생활 속에서는 나만 답답함을 참고 기다리면 되지만, 정해진 기간 안에 반드시 끝내야 하는 업무를 하는 경우에 골치가 아파진다.

우리가 처음으로 수출업을 하던 때의 이야기다. 안 그래도 여러가지 문제들로 인해 조금씩 날짜가 밀려서 촉박한 상황이었는데, 컨테이너에 물건을 적재하기로 한 당일날 약속한 시간이 지나도 컨테이너가 도착하지 않았다. 불안한 마음에 현지 운송업체에 연락을 해보니 컨테이너는 일정이 제대로 전달되지 않아서 여전히 출발조차 하지 않은 상황이었다. 시간이 없으니 어떻게든 빨리 와야한다고 재촉하며 따졌지만, 돌아오는 건 "자기도 최선을 다하고 있지만 마다가스카르라 어쩔 수 없다"는 태평한 대답 뿐이었다. 완전히 틀린 말은 아니었지만, 미안하다는 말 대신 자신의 실수마저도 은근슬쩍 나라의 탓으로 돌려버리는 태도에 당시에는 꽤 화가 났었다. 결국 계획대로였다면 오전에 끝났어야 할 작업은 오후 늦은 시간이 다 되어서 야 간신히 마무리가 될 수 있었다.

이 일을 계기로 나에게는 하나의 습관이 생겼다. 바로 최악의 상황을 상상하며 확인, 또 확인을 하는 것이다. 예를 들어, 오후 1시에 만나기로 한 약속이 있으면 전날에 한번, 당일 아침에 한번 재차 전화를 걸어서 시간을 확인한다. 다음주까지 끝내기로 합의된 일이 있다면 그 전에 몇차례 전화를 걸어서 일이 문제없이 잘 진행되고 있는지, 원래 일정대로 마무리될 수 있을지 꼭 중간점검을 한다. 이렇게 한다고 해서 마법처럼 속도가 빨라지고 일이 제때 끝나는 건 아니지만, 적어도 내가 어느정도 기다려야겠다는 마음의 준비를 할 수는 있다. 확인차 미리 연락을 했을 때 상대쪽에서 "아 맞다, 내가 다음주까지 그 문서를 주기로 했었지…"라던가 "약속 장소로 가고 있는데 차가 많이 막히네…" 라며 말끝을 흐린다면 원래 예상보다 늦어진다는 뜻이고, 늦겠다는 말이다. 그럴 땐 심호흡을 깊게 한번 내쉬고, 빼꼼히 고개를 들이미는 한국인의 '빨리빨리' 정신을 애써 누르며, '무라무라'한 마음가짐을 되새긴다. 천천히. 느리게.

어차피 우리가 마다가스카르를 선택해서 왔으니 다른 속도에 발맞춰 적응해야 하는 것도 우리쪽이다. 처음부터 아다지오(Adagio)로 느긋하게 연주되던 마다가스카르의 시간을 내 성에 차지 않는다는 이유로 갑자기 프레스토(Presto)의 빠른 템포로 바꿔주길 바라는 건 과한 욕심이라는 걸 안다. 여전히 일을 할 때만큼은 느린 속도가 답답하고 화가 나기도 하지만, 나름대로의 타협점을 찾아가고 있다. 덕분에 삶에 쉼표를 더 자주 찍고 마디마다 쉬어가는 중이다.

6. 우리는 언제까지 마다가스카르에서 살까?

뜨거운 감자, 케이블카

어진

"너 새로 생긴 케이블카 타봤어?"

불과 몇 주 전 마다가스카르의 수도에는 최초의 케이블카가 생겼다. 아직 완공된 건 아니지만, 주요 도시 몇군데에 위치한 스테이션을 중심으로 시범 운행중이다. 대통령이 혼잡한 교통체증을 완화하고 관광산업에 활기를 불어넣을 '최고의 해결책'이라고 대대적으로 홍보하며 뉴스에 몇번 나오기도 했다. 과연 케이블카 하나로 그 모든 문제들이 해결되겠냐는 질문에는 현지인들 사이에서도 의견이 분분해 보인다. 오랜만에 만난 현지인 친구 마누아와의 대화에서도 자연스럽게 케이블카가 주제로 올랐는데, 곧장 마누아의 표정이 일그러졌다.

"케이블카 건설은 진짜 멍청한 짓이야. 케이블카를 운영할 만큼의 전력을 공급할 수도 없을 뿐더러, 누가 버스의 몇배나 되는 요금을 내고 그걸 타고 다니겠어? 애초에 그정도로 돈이 있는 사람이라면 자가용을 타고 다닐거고, 원래 버스를 타고 다니던 사람들은 요금이 감당이 안될껄."

그렇다. 하루에도 몇번씩 밥 먹듯이 정전이 되는 나라에서 케이블카를 감당할 만큼의 전력을 안정적으로 공급할 수 있을 리 없다. 좁은 케이블카 안에서 전기가 돌아오기만을 기약없이 기다리며 대롱대롱 매달려있는 사람들의 모습을 어렵지 않게 그려볼 수 있었다. 두번째 문제는 요금이다. 친구의 말마따나 버스를 타고 다니던 사람들에게는 요금이 부담스럽고, 자가용이 있는 사람들은 굳이 위험을 감수하면서까지 검증되지 않은 케이블카를 탈 것 같지 않았다. 다른 문제들도 많지만 여기까지만 해도 원래의 목표였던 '혼잡한 교통체증을 완화하기'에는 적합하지 않다는 걸 알 수 있다.

"이건 그냥 국가를 계속 부채 상태에 두기 위해서 윗사람들이 모의한거야."

친구의 말에 따르면 이랬다. 정부는 정작 본질적인 문제는 해결하지 않으면서, 다수의 빈곤층에게 겉으로만 화려해보이는 '해결책'을 제시한다. 이번 케이블카 건설 사업은 전형적인 보여주기식 행정인데, 과도하게 빚을 져서 나라의 경제적인 의존성을 높이는 동시에 기득권의 힘을 유지하는 일에 일조한다. 누군가에게는 과한 음모론이라고 느껴질 수 도 있겠지만, 그만큼 정부에 대한 국민들의 불신이 얼마나 팽배한 지는 알 수 있다. 또, 적어도 나에게는 어느정도 일리가 있는 말처럼 느껴지기도 했다. 지금 마다가스카르는 도심을 가로지르는 케이블카를 만들 게 아니라 망가진 도로를 보수하는 도시 정비 사업에 집중해야 할 단계이다.

"그게 마다가스카르가 여전히 가난한 이유야."

울그락불그락 얼굴을 붉히며 얘기하던 마누아의 표정이 짐짓 슬퍼졌다. 마누아는 누구보다도 이 나라를 향한 애정을 가지고 바쁜 시간을 쪼개 주말마다 무료로 아이들을 가르치는 일을 몇년째 해오고 있다. 자신이 열심히 일하는 이유도 언젠가 아이들을 위한 교육센터를 짓고 싶다는 꿈을 위해서라고 말할 만큼 나라의 발전에 대해 진심이다. 그러니 실질적으로 도움이 필요한 분야가 아니라 엉뚱한 곳에 자꾸만 자원을 쏟아붓는 정부의 모습이 못마땅할 수밖에. 언뜻 화려하고 그럴싸해보이지만 실질적인 문제 해결에는 아무런 도움도 되지 않는 국가 프로젝트들. 교육받지 못한 빈곤층을 겨냥해서 보여주기식 행정을 일삼는 정부와 또 그런 정부에 이끌려 따라갈 수 밖에 없는 사람들. 오늘도 열심히 시범 운행을 하고 있는 케이블카를 바라보며 생각에 잠긴다. 마다가스카르는 과연 이 끝없는 딜레마 속에서 빠져나올 수 있을까?

행복에 대한 고찰

하나

 마다가스카르에 관해 다룬 책이나 영상에서 자주 발견되는 말이 있다. 마다가스카르 사람들은 행복해 보인다는 말이다. 늘 웃고 있고, 작은 것에도 감사할 줄 알고, 욕망 없이 단순하게 산다는 인상 때문일까? 근데 이 말이 진짜일까? 행복은 누가, 어떻게 판단할 수 있는 걸까? 어진이와 나는 종종 세계 행복지수 같은 자료를 보며 농담처럼 말한다. 아니, 그걸 어떻게 알아? 어떤 나라는 인구 수조차 정확히 파악되지 않고 삶의 조건도 천차만별이고, 문화와 언어, 표현 방식도 전혀 다른데. 어떤 기준으로 '행복하다'고 정의하는 걸까? 심지어 마다가스카르는 행복지수 순위가 하위권에 속한다. 삶에 대한 만족도 점수가 세계 평균보다 낮은 편이다. 결과가 어떻게 나왔던지 행복의 유무를 평가하는 건 어려운 일이다. 물론 그 자료들은 나름대로 척도와 조사방식을 통해 신뢰를 쌓아올린 결과겠지만, '행복'이라는 단어는 그 자체로 너무 주관적이고 복잡한 감정이다.

마다가스카르에 살면서 종종 삶과 죽음의 간격이 너무 좁다는 걸 느낀다. 2년 남짓한 시간 동안 우리 직원 중 몇 명은 부모님을 잃었다. 그것도 예고도 없이, 갑작스럽게. 사무실에서 일하던 청소부의 어머니는 뒤로 넘어졌을 뿐인데, 그 부상으로 세상을 떠나셨다. 또 어떤 직원은, 새벽까지 기침하시던 아버지가 아침이 되자 일어나지 못하셨다. 같이 문화강의를 듣던 남아공에서 온 수강생도 갑작스럽게 수술을 받고 돌아가셨다는 소식을 들었다. 여기선 죽음이 '예외적인 사건'이 아니라, 언제든 닥칠 수 있는 삶 일부처럼 다가온다. 이렇게 죽음이 가깝고, 헤어짐이 자주 찾아오는 이곳은 누군가의 기준으로 보면 분명 행복하지 않은 곳일지도 모른다. 실제로 그런 기준으로 작성된 지표들을 보면 마다가스카르는 자주 하위권에 머문다. 평균 수명, 소득, 인프라, 교육… 숫자만 본다면 결코 '행복하다'고 말하긴 어렵다.

어떤 이론에서는 더 많이 아는 것, 더 넓게 경험하는 것이 오히려 사람을 더 불행하게 만들 수 있다고 말한다. 불행은 단순히 겪은 고통의 양이 아니라, 비교와 인식에서 비롯된다는 것이다. 그렇다면 불행을 덜 느끼기 위해선 덜 알고, 더 좁은 세계 안에서 살아야 한다는 말이 맞는 걸까?

우리 사무실의 가드인 올리는 시골에서 올라온 청년이다. 처음 왔을 땐 글을 읽지 못했지만, 우리는 직원에게 부탁해 그에게 글을 가르쳤고, 이제는 간단한 글을 읽을 수 있게 되었다. 글을 몰랐던 시절의 올리도, 글을 알게 된 지금의 올리도, 매 순간 나름의 방식으로 삶을 즐기며 살아가고 있었다.

그렇다면 지금의 올리는 예전보다 더 행복해진 걸까? 아니면 더 많은 것을 알게 되었기에, 이제 더 많이 걱정하고 더 복잡한 감정을 느끼는 걸까? 그건 우리 누구도 쉽게 말할 수 없는 문제다. 행복이라는 감정은 외부에서 추측할 수 있는 성질의 것이 아니다. 누군가 대신 답해줄 수 있는 것이 아니라 올리만이 답할 수 있다.

이곳 사람들은 잘 웃는다. 행복할 때도, 난처할 때도, 민망할 때도, 잘못했을 때도, 걱정될 때도 웃곤 한다. 그래서 그 웃음을 '행복의 증거'로만 해석하지 않기로 했다. 이곳에서 웃음이 감정의 표현이라기보다 감정을 눌러 담는 방식인 경우도 많다. 웃음이 이 상황에서 할 수 있는 유일한 반응일 수 있기 때문이다. 누군가 다쳐도 다들 웃고만 있었다는 얘기를 들은 적이 있다. 정말 웃겨서가 아니라, 어떻게 감정을 꺼내야 할지 몰라서일 수도 있다.

그렇기에 외부인이 그들의 미소를 보며, "이들은 참 행복해 보여요"라고 말하는 건 어쩌면 너무 쉽고 빠른 결론일지 모른다. 어려운 환경에서도 미소를 잃지 않으니 어쩌면 우리보다 행복한 삶일 거라는 그런 낭만적인 해석이 그들의 현실의 무게를 가볍게 만들어 주진 않는다. 삶의 무게를 직접 겪고 있는 이들에게, 행복 또한 그들이 온전히 판단할 몫이다. 더 행복한가, 덜 행복한가? 그 자체가 성립할 수 없는 질문이다.

그렇다면 정말로 행복이란 무엇일까? 많이 가졌다고 행복한 것도 아니고, 적게 가졌다고 불행한 것도 아니다. 우리가 흔히 기준으로 삼는 조건들은 실제 감정과 반드시 일치하지 않는다. 행복은 '있다, 없다'로 나눌 수 있는 데이터가 아니라, 내가 나만의 행복을 찾아가야 한다. 무수히 많은 철학자가 행복을 정의하려고 했듯이 우리는 각자의 방법으로 각자의 행복을 정의해야 한다.

나는 지금 행복한가?

나에게 행복은 복잡하거나 멀리 있는 감정이 아니다. 대부분 크고 작게 행복하다. 그래서 굳이 나누자면 "100% 행복한가? 60% 행복한가?" 정도의 차이일 뿐이다. 물론 기분이 오르락내리락할 때도 있지만, 불행하다고 느낀 적은 없다. 냉소적인 말투와 생각을 가진 편이지만, 내 행복의 기준은 마냥 낙관적이다. 여행을 갈 때, 누군가에게 인정받을 때, 일이 잘 마무리되었을 때 같은 순간도 행복하지만 — 하루 일과를 잘 마치고 잠이 드는 순간, 아침에 탄 커피가 유난히 맛있을 때, 읽던 책에서 마음에 드는 문장을 발견할 때처럼, 아주 작고 소소한 순간들이 내게 행복을 알게 한다.

행복해하고자 마음먹으면 행복할 수 있다고 생각한다. 같은 상황과 조건에도 그때 느끼는 감정은 내가 정해야 한다. 불행해 하고자 한다면 한없이 많은 불행을 내 상황에 가져다가 붙일 수 있다. 그러나 내가 행복해하고자 한다면 그것만으로도 나는 무언가가 있어서 행복한 사람이 아니라 스스로 행복을 만들어 갈 수 있는 사람이 된다. 작은 불행을 곱씹느라 이미 내 안에 있는 행복을 놓치지 않기를 바란다.

티나, 산드라, 그리고 올리

어진

 지금까지 꽤 많은 직원들이 우리를 스쳐 지나갔다. 일하는 스타일이 맞지 않아서 우리가 먼저 이별을 고한 적도 있고, 같이 일하고 싶었지만 상대측에서 더 좋은 조건을 찾아 떠난 적도 있다. 이제 막 익숙해지려고 할 때쯤 갑자기 관둔다고 하면 허탈한 마음을 감출 수가 없다. 그나마 관둔다고 얘기라도 해주면 다행이고, 월급날 이후에 말없이 연락이 두절되는 경우도 왕왕 있었다. 불편한 상황에 직면하는 걸 어려워하는 마다가스카르의 문화적인 영향 탓인지 차라리 말을 하지 않고 잠수를 타는 쪽을 택하는 경우가 많다고 한다. 애초에 한국처럼 시간적 여유를 두고 인수인계를 하고 나가야 한다는 개념 자체가 흔치 않기도 하다. 초창기보다는 직원이 바뀌는 주기가 길어지기도 했고 문화적 차이가 있다는 사실을 알면서도, 여전히 누군가가 갑작스레 그만둔다는 소식이 들려오면 가장 먼저 우리에게 무슨 문제가 있는 건 아닌 지 돌아보게 된다.

 스쳐가는 인연이 쌓일 수록 처음부터 우리와 꾸준하게 함께 했던 직원들에게 애정이 간다. 지금까지 우리와 일년 넘게 일하고 있는 직원들은 티나, 산드라, 그리고 올리까지 3명정도다. 티나와 산드라는 일상적인 통역부터 현지 업체와의 소통까지 다방면으로 우리를 도와주고 있는 어시스턴트들이다. 일반적으로 말라가시어나 불어를 사용하는 마다가스카르에서 아직 두 언어 다 부족한 우리들에게는 없어서는 안되는 소중한 존재들이다. 티나와 산드라 모두 영어도 곧잘 하고, 한국어도 간단한 대화는 할 수 있는 수준이라 영어와 한국어를 섞어가며 소통한다. 한국에 관심이 많은 두 친구를 만난 건 대학교 내 한국어를 가르치는 센터에서였다. 한국을 좋아하고 언젠가 한국에 가는 것을 꿈꾼다는 점만 빼면 둘은 성향이 확연하게 다르다.

얼굴도 성격도 모든 게 다 동글동글한 티나는 정이 많고 따뜻하다. 주변 사람들을 잘 챙기는 편이라 굳이 따로 당부하지 않아도 새로운 직원들이 잘 적응할 수 있도록 곁에서 돕는다. 집이 사무실에서부터 2시간 반이나 걸리는 데도 불구하고 지각을 한 적이 거의 없을 만큼 성실하고, 자신을 믿어줘서 고맙다며 월급날마다 꼬박꼬박 감사인사를 한다. 다만 싫은 소리를 잘 못하는 탓에 사업적으로 따져야 할 상황에서도 제대로 된 항의를 못하고 돌아올 때가 많다. 아무리 어려워도 해야 할 말은 해야 한다고 한 소리를 듣고 나면, 비장하게 주먹을 꼭 쥐고 다시 따지겠다며 나선다. 그래봤자 얼마나 상냥하고 부드럽게 이야기할 지 눈에 선하게 그려진다.

티나가 서글서글한 강아지라면 산드라는 고양이에 가깝다. 첫인상은 뾰족하고 도도해보인다. 모두에게 사근사근하게 다가가는 편은 아니지만, 책임감이 강해서 한번 자신이 맡은 일은 끝까지 물고 늘어져 해결하려고 한다. 오히려 어느정도 압박감이 있는 상황에서 일을 더 잘하는 성향이라 중요한 미팅자리나 급하게 문제를 해결해야 하는 상황에는 산드라를 투입할 때가 더 많다. 인정 욕구가 강한 산드라에게는 "너니까 이거 믿고 맡기는 거야. 할 수 있지?"라고 미션을 주듯이 일부러 은근한 압박과 함께 업무를 맡기는 편이다. "너라서 맡긴다"는 한마디에 산드라의 눈이 반짝거린다. 회사에도 개근상이 있다면 아마 산드라가 받지 않을까 싶을 정도로 몸이 안 좋거나 급한 일이 생겨서 조퇴해야 하는 경우에도 우선 출근은 꼭 한다. 어느 날은 누가 봐도 안색이 안 좋을 정도로 하얗게 질린 채 출근했길래 얼른 집에 가서 쉬라고 돌려보낸 적도 있을 정도이다. 비록 성향은 다르지만, 두 사람 다 언제나 맡은 일에 최선을 다한다. 우리가 급하게 SOS를 보낼 때에도 가장 먼저 발벗고 나서서 도와주는 사람들이다.

올리는 든든하게 우리의 사무실을 지켜주는 '가르댕'이다. 마다가스카르에서는 '가르댕'이라고 불리는 관리인이 집에 상주하면서 집을 관리하고 지키는 역할을 한다. 가르댕은 가족일 때도 있고, 부부일 때도 있고, 올리처럼 싱글인 남자일 때도 있다. 대부분의 마다가스카르 주택에는 가르댕이 지낼 수 있는 작은 집도 딸려 있다. 제작년쯤 일자리를 찾아 시골에서 수도로 올라온 올리는 말 그대로 순박한 시골 청년 그 자체이다. 초등학교도 나오지 않았고 글도 읽고 쓸 줄 모르지만, 일머리가 좋아서 시키지 않아도 일을 찾아 하는 스타일이다. 워낙 깔끔한 편이라 올리의 손이 스쳐간 자리는 언제나 말끔하게 정돈되어 있다. 배우면 뭐든 잘할 것 같아서 우리가 개인적으로 글을 가르치기 시작한 지 꽤 되었다. 처음에는 단어 하나도 간신히 읽더니, 이제는 느리긴 하지만 한 문장을 더듬지 않고 읽을 수 있는 수준까지 왔다. 이제라도 초등학교 졸업장을 딸 수 있으면 좋을 텐데 이곳에는 검정고시같은 시스템이 없다고 한다. 한번 학교에 가지 못하면 영원히 학위를 딸 수 없다니, 꽤나 잔인한 구조이다. 일년째 매일 보는 사이인데도 여전히 우리만 보면 수줍게 웃으며 "굿모닝" 인사를 건네고 사라지는 이 낯가림 많은 청년을 어떻게 해야 하나. 가장 마음이 많이 쓰이는 직원들 중 한명이다.

아마 이 세 사람이 없었다면 마다가스카르 생활이 지금과는 비교도 안될 정도로 험난했을 것이다. 언제나 묵묵하게 자신의 자리를 지키면서 우리의 빈틈을 채워주는 직원들에게 가장 깊은 감사를 표한다. 이들을 보며 결과보다 과정이 중요하다는 말에 처음으로 마음에서 우러난 공감을 했다. 때로는 어이없는 실수를 하기도 하고 우리의 기대와 달리 어딘가 20퍼센트 정도 부족한 결과물을 내기도 하지만, 그 과정에서 얼마나 최선을 다했을 지 알기 때문에 화가 나기 보다는 웃음이 나온다(물론 가끔은 그냥 화가 나기도 한다). 매번 120퍼센트의 열정을 쏟아붓는 이들을 보며 그동안 '효율성'만을 따졌던 나의 모습이 떠올라 머쓱해진다. 때로는 비효율적인 게 사람에게 주는 감동이 있다.

마지막 타코파티

하나

 1년 중 가장 좋아하는 기간은 11월부터 1월이다. 크리스마스도 좋아하지만, 연말 분위기 자체를 좋아한다. 보통 10월쯤 되면 크리스마스 캐럴을 매일 틀어둔다. 12월이 되려면 아직 두 달이 남았지만 혼자서도 크리스마스에 과몰입 상태가 될 수 있다. 과몰입 상태에서 지인들과 연말 약속을 잡기 시작한다. 송년회 느낌으로 함께하는 자리도 만드는데, 여러 사람과 함께 먹고 놀고 마시면서 한 해를 돌아보는 시간을 꼭 가지곤 했다. 별건 아니지만, 주변 사람들에게 감사하는 시간도 가지고, 한 해를 같이 잘 마무리 했다고 격려하는 시간도 가질 수 있어 좋다.

 마다에서도 2024년 연말, 크리스마스를 앞두고 이웃들과 함께 시간을 보내고 싶은 마음이 있었다. 게임도 하고, 바비큐도 하고, 다 같이 따뜻한 시간을 보내면 좋겠다고 생각했다. 근데 1년 동안 한국인, 말라가시, 프랑스인, 미국인 할 것 없이 집으로 초대하면서 시간을 보내다 보니 그 사이에 사람이 질려버렸다. 그 해에 유난히 사람을 많이 초대하고 만났었는데 그 여파인지 연말이 되자 아예 그럴 수 있는 에너지가 남아 있지 않았다. 그래서 그 해 연말은 정말 조용하게 시간을 보냈다.

그 뒤에 한 번, 세 번째 집으로 이사하기 전 두 번째 집에서 송별회 겸 연 게 '타코 파티'였다. 바비큐도 굽고, 타코도 만들고, 이웃도 초대하고, 아는 사람들도 불렀다. 사실 만드는 게 번거로워서 마음을 한 반 년간 예열하느라 시간이 걸렸다. 마트에서 또띠아를 팔지 않아서 사실 마음먹기 어려웠는데 운 좋게도 콘 또띠아가 들어오기 시작해서 파티 메뉴로 결정될 수 있었다. 매운 살사, 피코 데 가요, 과카몰리, 사워크림, 그리고 타코 시즈닝으로 구운 고기까지 하나하나 다 준비했다. 어느 하나 빼고 만들고 싶지 않아서 스스로 번거로움을 자처하긴 했다. 막 썬 토마토와 양파에서 느낄 수 있는 신선한 맛을 좋아한다. 크게 격식을 차릴 필요도 없이 손으로 먹는 음식이라, 좀 흘린다고 해서 눈치 줄 사람도 없다. 같이 있는 사람들과 편안하게 이야기를 나누면서 먹을 수 있다는 점에서 타코는 내가 생각하는 최고의 파티 음식이다.

대외적으로는 이사를 하는 우리의 작은 송별회였지만, 내 마음속에서는 꽤 상징적인 의미가 있었다. 다시 사람을 질려 하는 시기가 와버린 나에게 잠깐 쉬는 시간을 주기로 하고 마지막으로 연 파티였다. 한동안 사람을 불러모으고, 음식을 준비하고, 분위기를 맞추고, 모두가 기분 좋게 즐기도록 신경 쓰는 역할을 쉴 예정이다. 그 모든 걸 여전히 사랑하면서도, 이제는 조금 거리를 두고 싶어졌다. 마다에 대해 알아가면서 많은 걸 알아가고 포용하고 받아들이느라 달려왔던 시간을 이제는 좀 덜어내서 소화해야 하는 때가 왔다.

채웠다면 덜어내는 시간이 필요하다. 채우기만 하면 우리가 무엇을 채우고 살았는지조차 알지 못할 때가 있다. 요즘은 이사하고 나서 집도 작아졌고 사람을 초대할 일도 거의 없어졌다. 관계를 덜어내면서 마다가스카르에서 지냈던 시간을 돌아보고 있다. 피드백 중독자인 우리는 지나왔던 시간을 하나하나 살펴보며 그때에 전력을 기울였다는 걸 인정하고 박수쳐주고 있다. 사람이 환경이 바뀌면 초반에 자리를 잡기 위해 자기 역량 이상을 하며 온 힘을 다한다. 나는 이걸 초반 스퍼트라고 부르는데, 이 초반 스퍼트를 받았는지 한 1년은 정말 할 수 있는 온갖 노력을 하며 이리저리 뛰어다녔다. 다시 똑같이 하라고 하면 못 할 것 같다.

글에서 썼듯이 유튜브도 그렇고 여기서 만난 모든 분께도 그랬고 우리도 우리가 아직 무엇을 할지 어디로 향해야 할지도 모른 채 우리를 설명하려고 노력했던 긴 시간이 있었다. 초반에는 이것저것 얘기를 했었다. 후반으로 갈수록 이것저것 건들다가 포기해야 하는 순간들을 마주했다. 오늘은 이거 한다고 했다가 내일은 저거 한다고 하는 사람이 되어 있는 게 나 자신도 웃겨서 말을 덜기 시작했다. 지금은 우리가 하는 일이 생겼지만, 관성처럼 아직도 우리를 소개하는 질문에 얼버무리곤 한다. 책에는 이미 다 써버렸지만, 한 일 년 이상은 같은 일을 하고 있어야 입 밖으로 확신을 가지고 말할 수 있을 것 같다.

이렇게 한차례 감정을 곱씹는 시간을 가지고 있다. 자기가 만든 음식은 거의 맛있게 느낀다고 하는데 지금 내가 만들어낸 감정들도 씁쓸할 때도 있지만 대부분 달달하다. 그래서 즐겁게 이 시간을 보내고 있다. 지금은 사람과 거리를 두고 싶지만, 그게 영원할 거란 생각은 하지 않는다. 나이가 들수록 안정적인 상태로만 있고 싶어진다. 아는 사람들과 익숙한 대화를 나누는 게 편하지만, 그게 얼마나 스스로를 한계 안에 가두는지 알기에 나를 다그친다. 그래서 불안정한 상태로 날 내몬다. 그 불안정한 상태를 안정적이게 만들기 위해서 노력하는 시간이 내 우주를 더 넓게 만들어준다. 곧 다시 음악을 틀고, 타코를 굽고, 아는 사람들과 모르는 사람들 사이에서 웃으면서 많은 것을 받아들이려고 노력하는 시기가 곧 다시 올 거라고 생각한다.

앞으로도 잘 부탁해 마다가스카르

하나

  처음 이곳에 왔을 때보다 확실히 마다가스카르에 대해 많은 것들을 알게 되었다. 다 안다고 하긴 어렵지만, 이제는 제법 긴 분량으로 내가 겪은 마다에 대해 써내려 갈 수 있을 만큼이 되었다. 사는 것, 먹는 것 제대로 아는 거 없이 시작했던 마다의 정착기가 2년이 되어가는 지금 이제야 초보 딱지를 뗀 느낌이다.

  살아보니 예상한 것보다 많은 일을 겪었었다. 고장 난 수도, 끊긴 전기, 들쭉날쭉한 약속, 수없이 바뀌는 계획, 때때로 이해되지 않는 상황들, 문화적 차이와 예측할 수 없음까지 다양한 다름을 겪는 시간이었다. 처음이야 당황스러운 게 당연한 거고 살아가려면 익숙해져야 했다. 다름을 인지한다고 해도 상대방과 내가 생각하는 기준이 다르다는 걸 인정하기까지 오래 걸렸다. 기본이라 생각하는 것들조차도 서로 다른 기준을 가졌다. 그리고 내가 기본이라고 말하는 것조차도 나의 오만이라고 인정하는데 또 시간이 걸렸다. 이제 마다가스카르라는 맥락 속에서 어떤 차이는 그냥 두고, 어떤 부분은 우리가 기대하는 기준이 뭔지 설명할 수 있게 되었다.

기대하지 않음으로 낙담하지 않는 법도 배웠다. 체념으로 보일 수도 있지만, 이제는 고개를 끄덕이며 넘길 수 있는 일들이 많아졌다는 말이다. 그래서 거의 모든 일에 유연하게 끄덕일 수 있는 목과 마음을 가지게 되었다. 여전히 시간 약속 때문에 화날 때도 있다. 하지만 예전처럼 무한정 기다리며 화내지 않는다. 몰랐던 상황이 아니기에 한 시간 전에 전화해본다. 상대가 그 시간 안에 도착하지 못할 것 같으면, 아예 내 할 일을 하고 느긋하게 약속장소에 가기도 한다. 차 앞에 붙여놓는 인형처럼 유연한 나의 끄덕임에 놀랄 때도 있다. 여전히 약속시간에 딱 맞춰 만나야 한다고 생각하는 사람이지만, 차가 막혀 내가 좀 늦더라도 예전만큼 조급해하지 않는다. 마다가스카르에서 시간이란 흐르는 물 같아서 물속에서 수영하며 즐기는 거지 절대로 잡을 수 있는 게 아니니까.

마다가스카르에 대해 쓴 글들을 다시 보면, 푸념도 많고 낯선 현실에 부딪혀 좌절한 기록들이 많다. 그렇다고 내 에세이가 마다를 부정적으로 보이게 하는 글이 되지 않길 바란다. 황당하고 생각해보지도 않았던 그런 순간들조차 이제는 즐거운 추억으로 남았다. 그렇게 추억이 될 수 있도록 해준 말라가시들이 있었다. 힘든 날, 나를 힘들게 한 사람도 있었지만, 동시에 옆에서 같이 문제를 해결하기 위해 같이 발로 뛰어다니던 사람들이 있었다. 어쩌면 나보다 더 화내면서 일을 해결하려고 노력했다.

얼마 전에도 한 달 넘게 우리를 고생시킨 일이 있었다. 끝나지 않을 것 같던 일이 결국 잘 마무리되던 날, 직원들이 기쁜 소식을 들고 와서는 다 함께 "예이!" 하며 소리치던 기억이 아직도 생생하다. 나도 그만큼 소리 지르면서 좋아하지 않았는데 나보다 더 즐거워하며 소리 지르는 직원들의 모습에 오히려 더 놀라고 감사했다. 같은 마음으로 일하는 사람들이 있기에, 그렇게 마다가스카르에 정이 들어버렸다. 이제는 누군가가 마다가스카르에 대해 조금만 나쁜 소리를 해도 화가 난다. 심지어 말라가시가 여긴 마다가스카르라서 그렇다고 변명하는 말에 화를 내기도 한다. 내가 사는 곳이라는 마음이 생겨서 마다가스카르를 까도 내가 깐다는 마음이 생겨버렸다.

오래 지내다 보니, 처음 올 때 가져온 넉넉한 마음을 잃어버리기도 했다. 굳이 그러지 않아도 되는 부분까지 화가 나고 꼼꼼히 따질 때가 있다. 때론 '내가 외국인이라 돈이 더 있을 것 같아서 이러는 걸까?'라는 생각이 들어 더 약이 올라서 얼굴을 붉히기도 한다. 여전히 재래시장에 가면 우리에게 값을 더 높여 부를 때가 있다. 알고 나서는 더 빠득빠득 깎으려고 하기도 했다. 그게 얼마나 된다고 그냥 더 주고 사는 게 어찌나 손해 보는 것 같던지 끝내 깎아서 사 들고 올 때도 있었다. 어느 날 마트에서 오트밀크를 7,000원도 넘게 주고도 좋다고 샀는데, 시장에서 깎은 돈을 다 모아도 오트밀크 하나 살 돈이 안 된다는 걸 깨달았다. 지금은 그냥 더 주는 걸 알면서도 적당한 수준이면 굳이 실랑이하지 않고 산다.

이곳에 적응하다 보니, 흐려진 첫 마음들을 돌아본다. 더 나은 이상을 가져왔던 것 같은데 사느라 바빠서 그냥 현실을 살아가는 사람이 되었다. 우리가 하고 싶었던 것은 단순히 우리

두 명의 먹고사는 수준을 벗어나 더 큰 프로젝트를 만들어 가는 것이었던 걸 다시 떠올려 본다. 아직 초보 딱지만 겨우 뗀 상황이라 더 큰 프로젝트들을 만들어 가는 데 부족함이 있는 걸 알지만, 다시 더 멀리 크게 바라보는 연습을 다시 해야겠다. 사람은 자신이 보고 싶은 만큼만 보는지라, 내가 이 정도만 가겠다고 생각한다면 거기까지만 보이게 된다. 그래서 더 멀리 가기 위해 다시 우리의 계획을 돌아볼 시간이 온 것 같다. 무엇이 될지는 이제 만들어 가야 하니 아직 설명하기는 어렵다.

 삶에 지쳐 아주 조그마한 것에도 마음이 시끄러울 때, 이 순간의 내가 무엇을 하고 있는 걸까 싶을 때가 있기도 하다. 내가 지금 여기 있는 게 맞을까? 지금 나는 할 수 있는 온 힘을 다하고 있나? 내가 옳게 선택하고 행동을 한 걸까? 사실 지금도 아주 만족하는 순간과 그러지 못하는 순간들도 있다. 연초에는 너무 일이 없어서 정말 한가했다. 아무 할 일도 없어 눈뜨고 먹고 자는 생활을 했다. 그때는 아무것도 없으니 오히려 마음이 조급했다. 그러다가 3월이 되니 일이 과하게 많아져 연초에 맘 놓고 쉴 걸 그랬다고 아쉬워했다. 그래서 그 순간을 즐기기로 했다. 또 일이 없는 순간이 올 테니. 일이 많을 때도 적을 때도 그 반대 순간을 아쉬워하지 말고 즐기기로 했다. 이 짧은 마다가스카르에 있었던 시간을 돌아보니 모든 순간이 돌아오지 않을 순간들이었다. 결국, 어떤 순간에도 얼마만큼 행복할지 정하는 건 내 마음에 달렸다. 내가 행복하기로 정했다면 아무리 힘든 순간에도 웃을 수 있다. 앞으로 얼마나 오래 머물지는 모르겠지만, 그 시간 동안 마다가스카르에서 함께 하는 사람들과 행복하기로 했다.

우리는 언제까지 마다가스카르에서 살까?

어진

가끔 우리가 다른 나라도 아닌 마다가스카르에 와서 살고 있다는 사실이 초현실적으로 느껴질 때가 있다. 이미 인생의 절반 정도를 해외에서 보냈기 때문에 막연히 한국이 아닌 다른 곳에서 살 수도 있겠다는 생각은 했지만, 그게 아프리카가 될 줄은 몰랐다. 나에게 마다가스카르는 펭귄과 사자가 "I like to move it, move it"이라는 노래에 맞춰 사이좋게 춤추던 애니메이션 영화 속 배경에 불과했다. 그러나 단기 선교를 통해 첫 물꼬를 트고 지금까지 살아오면서 알게 된 이 나라는 영화 속 알록달록한 모습과는 사뭇 다르다. 그러니 마다가스카르에 산다고 하면 호기심 어린 눈빛으로 "...그 펭귄?"이라고 묻는 사람들의 질문에는 그저 허허, 웃을 수밖에. 참고로 이곳에 펭귄은 없다.

불과 몇년 전까지만 해도 우리가 마다가스카르에서 살게 될 줄 몰랐던 것처럼 언제까지 이곳에서 머무를 지도 알 수 없는 일이다. 아토피가 있는 나에게 정화 시설이 잘 갖춰져있지 않은 마다가스카르의 열악한 수질은 그야말로 쥐약이다. 아무리 샤워기 필터를 설치해도 금세 새까맣게 변해버리니까 큰 의미가 없다. 최근에는 알러지까지 가세해서 한번씩 피부가 처참하게 뒤집어진다. 그럴 때마다 거울을 보면 "이 나라를 그냥 확 떠버려…"하는 충동이 치밀곤 한다. 물과 공기를 바꿀 수는 없으니 절이 싫다면 중이 떠나는 수 밖에. 사실 이건 빙산의 일각이고, 그 외에도 마다가스카르를 떠나고 싶어질 만한 사건사고들은 시시때때로 일어난다. 그렇다면 왜 우리는 여전히 여기에서 살고 있는 거냐고?

단순히 일상을 유지하기에도 수많은 애로 사항들이 있지만, 되는 일도 안되는 일도 없는 이 나라만이 주는 고유한 매력이 있다. 사업과 관련된 전공을 공부한 것도 아니고, 현지에 도움을 줄만한 비빌 언덕이 있었던 것도 아닌 우리가 뭐든 하나씩 직접 부딪히며 해나가는 게 가능한 곳이다. 무식하면 용감하다고 하던가. 관심이 가는 분야가 있으면 모든 가능한 관련 업체의 연락처를 찾아서 미팅을 잡고, 지인의 지인을 통해 소개받은 현지인 사업가와 친해져서 마다가스카르의 상류층이 사는 사회를 살짝 엿보기도 했다. 열심히 발품을 파는 만큼 경험은 쌓이고 얕은 지식이 한겹씩 더해져간다. 한국이었다면 전문지식이 없고 앳되보이는 여자 둘의 말을 누가 얼마나 진지하게 들어줬을까 싶지만, 외국인이라는 사실만으로도 무한한 신뢰나 호기심의 대상이 되는 이곳에서는 비교적 쉽게 담당자를 만날 수 있었다. 타이밍만 잘 맞으면 곧바로 사장을 만나는 것도 가능하다. 실제로 무작정 찾아간 업체에서 즉석 미팅을 한 뒤에 계약까지 성사된 적도 있다. "이게 안될리가 없지" 싶은 일들은 안되고, "설마 이게 되겠어?" 싶은 일들은 이루어지는 나라다. 맨땅에 헤딩을 하고 계란으로 바위를 치다보면 뭐가 되긴 된다는 교훈을 얻었다.

지금은 아무래도 마다가스카르에서의 삶이 주는 버거움보다 무에서 유를 창조해나가는 재미가 더 큰 것 같다. 까다로운 장애물을 하나씩 넘어가면서 일을 끝마칠 때마다 얻는 성취감이 있다. 무엇보다 우리가 자리를 잡아갈수록 현지인들에게 줄 수 있는 도움이 하나둘 늘어간다는 사실이 또 하나의 힘이 되어준다. 우리가 꿈을 더 크게 꾸고, 일을 더 키울수록 고용할 수 있는 사람들이 많아진다. 한 사람을 더 고용하면 그 가정에 있는 세네명의 아이들에게도 건강보험이 적용되어 최소한의 의료혜택을 받을 수 있게 된다. 아직은 먼 이야기긴 하지만, 언니와 나는 언젠가 사회공헌팀을 꾸려서 현지 여자아이들을 위한 지원을 하고 싶다는 꿈을 가지고 있다. 새로운 일에 도전하며 재미와 성취감을 느끼고, 심지어 다른 사람들에게도 조금이나마 도움이 될 수 있다는 게 우리가 여전히 마다가스카르에서 열심히 살아가는 이유다.

그러나 어느 날 갑자기 이곳에 왔던 것처럼 또 어느 날 훌쩍 떠나게 될 수도 있다는 생각은 늘 마음 속 한켠에 가지고 있다. 아무리 생각해도 우리가 호호 할머니가 되어서까지 마다가스카르에서 노후를 보내는 그림은 잘 그려지지 않는다. 언젠가는 또 다른 도전을 향해서, 혹은 단순히 빌딩숲을 향한 그리움을 참지 못해서, 혹은 비자 연장이 되지 않아서 이곳을 떠나게 될 날이 올 것이다. 지금의 달고 짠 경험들이 쌓여 또 다시 운명같은 기회를 만들어낼 수도 있겠지. 2년 전 나 자신의 능력과 가능성을 확인하고 싶어서 초조한 마음으로 마다가스카르행을 택했던 나에게는 이제 확실한 믿는 구석 하나가 생겼다. 나의 뛰어난 능력에 대한 믿음같은 게 아니라, 허술한 나를 언제나 든든하게 잡아줄 사람들이 있으리라는 믿음이다. 하나언니는 나에게 함께라면 어떻게든 해결하지 못할 문제는 없다는 대책 없는 자신감을 심어 주었다. 뭐든 혼자서는 힘들어도 같이 하면 할만 하다. 그곳이 마다가스카르든, 뉴욕이든, 아니면 서울 한복판이든 말이다.

10년 뒤의 미래는 아득하기만 하고 당장 내일의 일조차도 어떻게 될 지 알 수 없다. 특히나 변덕스러운 우리에게 "언제까지 마다가스카르에서 살 것인지"에 대한 답은 여전히 미정이다. 다만, 시작이 있으면 끝이 있고 만남이 있으면 헤어짐이 있는 것처럼 언젠가는 찾아올 이별의 순간까지는 그저 충실하게 하루하루를 살아갈 뿐이다. 어쩌면 다시는 돌아오지 않을 이곳에서의 시간에 미련 한 톨 남기지 않기 위해서. 뒤늦게 최선을 다하지 못했던 일이나 미처 하지 못한 말 따위를 깔깔한 입 안에서 굴리며 "이렇게 할걸, 저렇게 할걸"하고 중얼거리지 않도록.

7. 알아두면 쓸데 있는 마다가스카르 잡학사전

시작하기 전에, 마다가스카르에는 총 18개의 부족이 있고 각 부족마다 고유한 전통과 문화를 가지고 있다는 점을 알려드립니다. 그 중에서도 '알아두면 쓸데 있는 마다가스카르 잡학사전'은 수도 안타나나리보(Antananarivo) 지역의 메리나족(Merina)과 피아나란추(Fianarantsoa) 지역의 베칠레오족(Betsileo)의 문화를 중심으로 쓰여졌습니다. 이 글을 쓰기 위해 필요한 정보를 제공해 준 티나와 산드라에게 감사 인사를 전합니다.

요일별 의미

- 말라가시인들은 목요일을 '왕의 날'이라고 부르기도 하는데, 무엇인가를 새롭게 시작하기에 좋은 날이라고 여겨요. 말라가시어로 "Andro velona", 즉 '생명의 날'이나 '새로운 날'이라고 부릅니다. 마찬가지로 토요일도 행운이 깃드는 날이라고 생각하기 때문에 보통 목요일이나 토요일에 결혼식을 하는 경우가 많답니다. 반대로, 장례식은 지양하는 편이에요.

- 화요일은 운이 안 좋은 날이라는 인식이 있어요. 중요한 행사나 새로운 일의 시작은 되도록 화요일을 피하는 게 좋습니다. 화요일에 장례식을 하면 가족 안에서 죽음이 끊이지 않는다는 미신이 있기 때문에 이 날 장례식을 하는 건 금기시하고 있습니다.

- 운이 좋은 날에도, 운이 나쁜 날에도 장례식을 하면 안 된다면 대체 언제 하냐구요? 장례식은 대부분 '돌아오지 않는 수요일(Alarobia tsy miverina)'에 합니다. 수요일에 장례 절차를 진행하면 죽음이 다시 찾아오지 않는 다는 믿음이 있다고 해요.

마다가스카르 새해

- 새해를 맞이하기 3일 전부터 몸과 영혼을 정화하기 위한 목적으로 나뭇가지를 넣은 물에 목욕을 해요. 그리고, 이 기간에는 돼지고기나 마늘을 넣은 음식을 먹지 않는다고 해요.

- 새해 전날 밤이 되면, 'Arendrina'라고 부르는 마다가스카르 전통 등불에 불을 밝혀서 집안으로 가지고 들어옵니다. 집 밖에 있을 땐 다른 사람에게 불을 나누어줄 수 있지만, 집 안에 들어오고 나서는 더 이상 불을 나누어주면 안돼요. 자신의 운을 다른 사람에게 넘기는 행위이기 때문입니다. 등불은 다음 날 아침 해가 뜨기 전까지는 꺼뜨리지 않아야 해요.

- 새해 아침에는 가족들이 다 같이 모여서 아침을 먹습니다. 가족 내 가장 연장자가 우유와 꿀을 그릇에 붓고, 한 해동안 가족에게 복이 가득하기를 기도해요. 한 달동안 새해를 축하하는 게 전통이지만, 요즘은 각 가정마다 달라요.

마다가스카르 결혼식

- 결혼을 하려는 남자는 우선 여자의 어머니에게 허락을 받아야 합니다. 마다가스카르에서는 여자가 집의 주인이고 남자가 가족의 대표라는 개념이 있는데, 결혼을 할 때는 여자(어머니)의 허락을 받는 게 더 중요합니다. 신부 측 어머니는 결혼을 찬성하는데, 아버지가 반대한다면 결혼은 진행될 수 있지만, 그 반대의 경우에는 결혼을 못한다고 해요.

- 부모님께 먼저 결혼 허락을 받고 나면, 신랑측 가족이 신부측 가족을 만나기 위해 집으로 찾아갑니다. 피세후나(Fisehoana)라고 부르는데, 우리나라의 상견례와 비슷해요. 신부측 형제들에게 허락을 구하는 의미로 신랑이 돈을 건네 줍니다. 만약 여자의 가족이 거부하면, 신랑은 설득하기 위해서 더 많은 돈을 줘야 한다고 해요. 여자의 가족이 받아들이면, 그때서야 신부를 밖으로 불러내요. 첫번째와 두번째 차례에는 신부가 아닌 다른 여자들이 나오고, 보통 세번째 차례에 진짜 신부가 등장합니다.

- 만약 신부의 가족이 끝끝내 거부하고 가져온 돈도 다 바닥나면, 신랑의 가족은 다음날 다시 찾아와야 합니다. 정말로 결혼을 하고 싶다면 말이에요!

마다가스카르 장례식

- 마다가스카르의 장례 절차는 집에서부터 시작합니다. 본격적인 장례식을 올리기 전에 총 3일동안 집으로 친인척들이나 손님들을 불러서 마지막 인사를 할 수 있는 시간을 가져요. 혹시라도 이 기간동안 다시 살아나지 않을지 기다리면서 죽음을 확실히 확인하는 의미도 있다고 합니다.
- 돈이 많은 사람이 죽었을 경우에는 가족들이 다른 여자들에게 돈을 주고 크게 울어달라고 시키기도 한다고 해요.
- 장례식 중에는 붉은 옷을 입는 게 금지되어 있어요.

다양한 금기들

- 바나나, 커피, 그리고 타마린드를 마당에 심으면 나쁜 영혼이나 귀신이 붙는다는 믿음이 있기 때문에 금기시 하고 있습니다. 망고 나무는 천둥을 불러온다는 이유로 금지되어 있다고 해요.
- 소금을 다른 사람에게 나누어 주거나 버리는 건 자신의 행운을 넘겨주거나 버리는 일과 마찬가지 입니다.
- 해가 진 이후로는 소금을 사거나 팔 수 없습니다.
- 양고기를 묘지 근처에 가져가는 일은 금지되어 있습니다. 양고기는 귀신과 불행을 끌어들인다고 해요.
- 카멜레온이나 뱀은 영혼을 가진 동물들이라고 믿기 때문에 죽이지 않습니다.
- 밤에는 휘파람을 불지 않습니다.

몰라도 사는 데 지장없는 흥미로운 사실 10가지

1. 원래 말라가시인들은 포크를 쓰지 않고 숟가락만 사용합니다.
2. 아침에 밥을 짓지 않고, 보통 그 전날 저녁에 남은 음식을 아침으로 먹습니다.
3. 6월은 어린이들을 위한 달이기 때문에 이때 아이들을 데리고 놀러가거나 선물을 준비하는 부모가 많습니다.
4. 다른 사람의 집 안에 들어갈 때는 집주인을 향한 존중의 의미로 모자를 벗습니다.
5. 소금은 행운을 상징하기 때문에 집안에 소금이 떨어져서는 안됩니다.

6. 결혼하지 않은 여자가 닭날개를 먹으면 도망간다는 이유로 먹지 않습니다.
7. 잘 때 머리는 꼭 동쪽이나 북쪽을 향하게 누워야 합니다.
8. 해가 지고 난 이후에는 어떤 물건도 집밖에 내놓으면 안됩니다. 설사 그게 쓰레기일지라도 말이예요!
9. 지역이나 마을별로 심으면 안되는 작물이 정해져있습니다. 예를 들어, 어떤 지역에서는 마늘을 심으면 안되고, 어떤 마을에서는 양파를 심으면 안되는 식이에요.
10. 결혼식같은 중요한 가족 행사가 있을 땐 점성술가에게 찾아가 조언을 구합니다.

마치며,

하나

 첫 책을 썼을 때는 포부가 넘쳐 1000권을 인쇄했다. 그때는 그런 대담함과 함께 나를 모르는 사람들이 더 많이 읽을 거라고 생각했다. 그래서 더 거침없이 글을 써내려갔다. 책은 초반에 말고 거의 팔린 게 없다. 그러나 여전히 배본소에 보관료만 꼬박꼬박 내고있다. 월초에 청구서가 메일로 도착하면 나는 자아충족비라고 말하며 즐겁게 돈을 내고 있다. 아마 한 몇년은 더 그렇게 두고 볼 것 같다. 매달 월초에 1000권의 교훈을 받고 있으니, 요번에는 겸손한 수량으로 인쇄할 예정이다.

 아무래도 에세이라고 하면 공감을 일으키는 내용이 들어있어야 하는데 먼 타지에서 사는 우리의 삶이 어느 누구에게 공감을 일으킬 수 있을까 생각이 든다. 마다가스카르라는 나라가 궁금한 독자에게도, 해외에서 창업이 알고 싶은 독자에게도, 여자 둘이 사는 에세이를 원하는 독자에게도 어필하기에는 다소 부족한 감이 있는 책이 되어 버렸다. 아마 이 책을 읽는 사람은 우리를 개인적으로 알고 있는 몇몇의 사람들이 될거라고 생각된다. 나를 아는 사람들만 본다고 생각하니 오히려 한자 한자 써내려갈때마다 어떻게 보여질까 고민을 많이 했다. 그래서 한 꼭지 써내가는데 힘이 많이 들었다. 저번보다 더 나은 글을 썼다고는 말 못하겠지만, 저번보다 훨씬 조심해서 써내려갔다. 나라는 개인의 고군분투가 담긴 이야기이지만, 타인이 보기에는 마다가스카르에 사는 30대 여자의 삶처럼 단순해 보이길 바랐다. 그래서 더 많은 개인적인 생각과 고민들이 있었지만 많이 덜어냈다. 그 덜어냄이 너무 가벼움으로 보이지 않았길 바래본다.

마지막으로 마다가스카르라는 도전을 가능하게 한 모든 분들께 감사를 전한다. 글에도 많이 썼지만, 이곳에 와서 적응하고 일을 해내기까지 정말 많은 사람들의 도움이 있었다. 먼저 부모님께 감사하다. 사실 두 분 나이대가 두 분의 노후를 고민하실 때인데 여전히 다른 사람들의 삶을 위해 고민하시고 아낌없이 베푸시는 삶을 살고 계신다. 부모님 덕분에 내 한계에서 벗어나, 내 삶에 더 많은 사람들과 함께하는 미래를 꿈꾼다.

주변에서 걱정하고 기도해주시는 모든 분들께 감사를 전한다. 젊은이 둘이 이리저리 뭘 해보겠다고 다니는 게 안쓰러웠는지 정말 많은 분들이 도와주셨다. 어떤 도움에는 우리가 충분히 감사함을 전하기도 했겠지만, 어느 순간에는 그러지 못했음을 알기에 다시 이렇게 마음을 남겨둔다.

그리고 마다가스카르에 있는 모든 시간을 같이 만들어간 어진이에게 가장 커다란 사랑과 감사를 표한다. 함께 했기에 이 책을 포함해서 마다가스카르에서 이룬 모든 것들이 가능했다고 생각한다. 언제나 그랬듯이 고난도 행복도 그때 그 순간뿐이니 모든 순간을 즐겼으면 좋겠다.

어진

마다가스카르에 가기로 결심하고, 출국까지 한 두달 정도 남았을 때였다. 친한 친구들을 불러 모아서 아무렇지 않은 듯이 툭, 폭탄선언을 던졌다. 마다가스카르에 갈 거라고. 얘가 지금 장난을 치는건지 진심으로 하는 말인건지 눈만 데굴데굴 굴리며 흔들리는 눈빛을 주고받던 친구들의 모습이 눈에 선하다. 진짜라고 몇번이나 거듭 확인시켜 준 뒤에야 비로소 정적을 깨고 질문들이 쏟아졌었다.

"왜 갑자기 마다가스카르야?"

"거기에 얼마나 있을건데?"

"혼자 가는 거야?"

당시에는 나도 미래에 대한 뚜렷한 청사진이 있는 게 아니었기 때문에 수많은 질문들에 "가보면 알겠지"라고 태평하게 답할 수 밖에 없었다. 하루 아침에 낯선 마다가스카르로 떠나겠다는 것도 모자라 구체적인 계획도 없어보이는 내 모습을 보며 무슨 생각을 했을까. 한번쯤은 고개를 갸웃하거나 너무 무모하다며 말릴 법도 한데, 친구들은 생각보다 금세 나의 결정을 받아들이고 납득했다.

"그게 마다가스카르일 줄은 몰랐지만, 뭔가 한번은 일을 칠 것 같았다"는 게 대세의 의견이었다. 결과를 떠나, 과감하게 결정하고 실행에 옮겼다는 사실만으로 멋있다고 말해주었다. 어디에서 뭘하든 잘할 사람이라고 믿지만 무엇보다도 건강이 최고니 몸을 잘 챙기라는 응원의 말들도 듬뿍 받았다. 나라고 낯선 나라로 떠나는 결정에 대한 불안이 아예 없었던 건 아니었는데, 주변에서 당연한 듯이 보내주는 지지와 신뢰가 오히려 나의 선택에 용기를 실어주었다. 그래, 한번 해보지 뭐. 나의 친구들은 이제 면역이 생겨서 내가 무슨 일을 한다고 해도 놀라워하지 않는다.

'폭싹 속았수다'의 관식이가 딸 금명이에게 늘 "네 말이 다 맞다"며 무조건적인 신뢰를 보내주었던 것처럼, 흔들릴 때마다 "너는 당연히 잘 할거야"라는 말로 나를 붙잡아준 주변 사람들에게 감사하다. 당연히 늘 잘하는 사람은 없겠지만, 다른 사람들로부터 받는 깊은 신뢰는 적어도 그들 앞에서 떳떳할 수 있도록 노력할 수 있는 힘을 준다. 덕분에 마다가스카르에 올 수 있었고, 덕분에 지금까지 이곳에서 살아갈 수 있었다.

이번 에세이를 직접 쓰면서 쉽게 읽히는 글을 쓰는 게 얼마나 어려운 일인지 깨닫게 됐다. 마다가스카르라는 낯선 설정 속에서 살아가는 이야기를 담으려고 하다보니 본격적인 이야기를 시작하기도 전에 어디에서부터 어디까지 설명을 해야 하는지가 고민이었다. 내가 이곳에서 느낀 다양한 경험과 고찰들을 너무 무겁거나 지나치게 가볍지 않도록 잘 정돈하여 전달하고 싶었지만 여전히 아쉬운 점들이 많다.

인생에서 한번쯤은 책을 쓰고 싶다는 막연한 바람을 가지고 있었는데, 마다가스카르에서의 시간을 이렇게 기록으로 남길 수 있어서 기쁘다. 삶이 지루하거나 지치는 순간이 올 때마다 이 책을 한번씩 꺼내 읽으며 그땐 그랬지, 하고 가라앉았던 마음을 환기시킬 수 있을 것이다. 이 낯선 이야기가 나뿐만 아니라 다른 사람들에게도 신선한 바람을 불어넣어 줄 수 있길 바란다. 마지막으로, 지금도 내 옆에서 함께 머리를 부여잡고 글을 쓰고 있는 하나언니에게 이 책을 쓸 수 있도록 제안해줘서 고맙다는 인사를 전한다.

마다하지 않고 마다로
마다가스카르로 떠난 두 여자의 일상 에세이

1판 1쇄 발행일   2025년 6월 9일

지은이   나하나 주어진

펴낸곳   하나되다
주소   (13932) 경기도 안양시 관평로 333
이메일   become1ing@gmail.com
ISBN   979-11-983238-1-1
인쇄소   정민문화사
가격   15,000원

이 책은 저작권법에 따라 보호받는 저작물이므로 무단 전재와 무단 복제를 금합니다.